suhrkamp taschenbuch 3347

Der Supplementband *Himmelwärts* versammelt Prosatexte aus dem Nachlaß Ödön von Horváths, die jahrelang nicht oder nur verstreut greifbar waren und die hier auf der Grundlage der originalen Manuskripte des Nachlaßbestandes in überprüfter Form neu ediert wurden; bei manchen Texten handelt es sich um Erstveröffentlichungen.

Inhaltlich gliedert sich der Band in zwei Hauptgruppen. Erstens das Dreigespann aus »Himmelwärts«, »Charlotte« und »Reise ins Paradies«, in dem sich ein etwas ›anderer‹ Horváth zeigt: Die drei Fragmente schildern grotesk anmutende und letztlich scheiternde Reisen ins Glück.

In »Himmelwärts« trifft die Hauptfigur Christian Schlamperl auf seiner Weltreise die seltsamsten Gestalten und landet schließlich vor dem Kriegsminister. Das Fragment »Reise ins Paradies« ist eine Zeitreise mit dem Automobil; »Charlotte« der Roman einer Kellnerin, in deren Schicksal sich die Zeitgeschichte Anfang des 20. Jahrhunderts spiegelt. Das Münchner Oktoberfest nimmt hier grotesk-anarchische Züge an: »Das Blut rann mit dem Bier zusammen, und die Ordner schafften die Leiche aus dem Saal. Es war sehr gemütlich.«

Der zweite Hauptteil faßt teilweise neuentdeckte Prosaskizzen Horváths sowie sämtliche Arbeiten des Autors für Film und Radio zusammen.

Ödön von Horváth, geboren am 9. Dezember 1901 in Fiume, starb am 1. Juni 1938 in Paris.

Klaus Kastberger, geboren 1963, ist Literaturwissenschaftler und -kritiker und betreut den Nachlaß Ödön von Horváths am Österreichischen Literaturarchiv der Österreichischen Nationalbibliothek in Wien.

Ödön von Horváth
Himmelwärts

und andere Prosa
aus dem Nachlaß

Supplementband I
zur Kommentierten Werkausgabe
in Einzelbänden
Herausgegeben von
Klaus Kastberger

Suhrkamp

Umschlagfoto: Archiv für Kunst und Geschichte, Berlin

suhrkamp taschenbuch 3347
Erstausgabe
Erste Auflage 2001
© Suhrkamp Verlag Frankfurt am Main 2001
Suhrkamp Taschenbuch Verlag
Alle Rechte vorbehalten, insbesondere das
der Übersetzung, des öffentlichen Vortrags sowie der Übertragung
durch Rundfunk und Fernsehen, auch einzelner Teile.
Kein Teil des Werkes darf in irgendeiner Form
(durch Fotografie, Mikrofilm oder andere Verfahren)
ohne schriftliche Genehmigung des Verlages reproduziert
oder unter Verwendung elektronischer Systeme
verarbeitet, vervielfältigt oder verbreitet werden.
Satz: Hümmer GmbH, Waldbüttelbrunn
Druck: Nomos Verlagsgesellschaft, Baden-Baden
Printed in Germany
Umschlag nach Entwürfen von
Willy Fleckhaus und Rolf Staudt

1 2 3 4 5 6 – 06 05 04 03 02 01

Inhalt

Prosaskizzen

Romanfragmente

Szenen für den Rundfunk

Filmexposés

Anhang

Prosaskizzen

[Also gut, ich will Dir das alles erzählen]

Also gut, ich will Dir das alles erzählen, aber Du mußt mich ausreden lassen. Ich kenn Dich nämlich, Du unterbrichst einen immer, wenn man nur ein bißchen was ausschmückt, aber das muß man doch, sonst wird ja am Schluß alles dasselbe. Es ist dann zuguterletzt doch ganz gleichgültig, ob ich nun verheiratet bin oder schon gestorben, oder ob sie mich begraben haben oder ob ich mich von der Brücke herabgeschmissen hab. Da fällt mir ein, daß sich die Clementine den Gashahn aufgedreht hat, man hat sie dann abtransportiert, aber sie ist verstorben ohne das Bewußtsein wiedererlangt zu haben. Sie hat sich vor lauter Liebeskummer umgebracht. Ihr Mann nämlich hat sich mit anderen Weibern herumgetrieben, das hätt ja noch nichts gemacht, aber er hat sie angesteckt und da haben es halt ihre Nerven nicht mehr ausgehalten, sie hat den Hahn offen lassen, sie war allein in der Wohnung, weil sie ihn verhaftet haben, wegen Hehlerei, er ist aber dann verurteilt worden, weil er bei einem großen Diebstahl Schmiere gestanden ist. Ich hab ihn nicht gekannt, ich war nur beim Begräbnis, es war fast niemand da, das war vor vier Jahren. Wie die Zeit vergeht! Jetzt bin ich schon dreiundzwanzig und wir haben uns schon drei Jahr nicht gesehen! Ich kann mich noch gut erinnern, wo wir uns das letztemal gesehen haben, Du warst damals [ver]ärgert, weil ich mich verspätet hab, aber ich kann wirklich nichts dafür, ich wohnte ja damals noch bei meiner Tante, mit der bin ich jetzt zerkracht. Sie hat sich sehr gemein benommen, ich glaub sie hätt gar nichts dagegen gehabt, wenn ich verludert wär, nur, daß sie mich los hat. Weißt Du, damals so gleich nach der Inflation, da hab ich mal ein halbes Jahr nichts zu tun gehabt und da wohnte ich bei ihr. Seit der Zeit haben wir uns ja nicht gesehen, ich bin seit der Zeit verheiratet und hab einen Sohn, der ist jetzt zwei Jahr alt, er lernt erst gehen und sprechen. Mein Mann ist nett, er hat viel zu tun, er säuft auch nicht, das ist ja auch verboten, denn er ist bei der Bahn. Er ist nicht auf Lokomotive, wir haben ein Haus im Wald als Bahnwärter. Ja, es ist einsam, aber der Wald ist schön und dann am Abend – – jetzt bin ich erst seit gestern hier in der Stadt und ich möcht schon wieder nachhaus. Ist das nicht ein Zufall, daß wir uns da treffen? Glaubst Du an ein Schicksal oder an den lieben Gott? Ich nicht, da bei uns der Pfarrer, das sind alles ganz furchtbare Halunken. Es ist ein reines Geschäft, der ganze liebe Gott. Da draußen am Dorf da haben sie noch eine große Macht. Da ist ein altes Mütterlein, das sitzt in der Kirche auf der Hurenbank, weil ihr Sohn ein uneheliches Kind war. Der Sohn aber ist jetzt schon Großvater und so sitzt die Urgroßmutter in der Hurenbank. Mein Mann geht nie in die Kirch, der Pfarrer hat ihn mal gefragt und da hat [er] ihn hinausgeschmissen. Der Pfarrer ist gegangen die Beichtzettel einsammeln, und da hat er überall Wein und Schnaps gekriegt, und wie er zu uns gekommen ist, da war er schon ganz besoffen. Mein Mann hat gesagt, was er wünscht? Wein, Sekt, Schnaps. Da hat der Pfaff gesagt, ich möchte die Beichtzettel, und da hat mein Mann gesagt, er hat keine.

Zwei Liebeserklärungen

I.

»Madame! Meine Liebe ist Sehnsucht nach Romantik und Wille zur Sachlichkeit. Madame, ich möchte mit Euch in einem melancholischen Parke spazieren, [mich] in einem Urwald verirren – – aber mitten in dem Urwald müßte ein breites Bett stehen, warmes und kaltes fließendes Wasser, fern von Külz, so lieblich schizophren müßte die Landschaft sein. Madame, ich bin verzückt, entrückt, verrückt! Bleibt! Bitte – – Madame! Jedesmals, wenn Ihr Euch erhebt, überrieselt es mich, wie beim Klange der Marseillaise. Ihr seht so gottbegnadet majestätisch aus, eine blonde Aphrodite, wenn Ihr Euch erhebt – – Bleibt sitzen! Bleibt, bitte! Ich will Euch doch noch erklären – – das, was man nicht erklären kann. Wäre ich nur ein Dichter, würde ich dafür Reime finden, formvollendete, für das, was sich nicht ausdrücken läßt – – aber so bleibt mir nur die Hoffnung, die bange, daß Ihr mich versteht, was ich nicht verstehe – – Ja? – – Nu eben – – – –«
   (er küßt sie)

II.

Na, was ist denn schon wieder? Was ist denn los?! So sprich doch! Wie? (er steht vor dem Spiegel und kämpft mit dem Kragenknopf) – –. Na los, ich kann es doch nicht erraten! Was hab ich Dir denn getan? Was? Wie? Ich hätte Dich nicht lieb? Aber Kind! – – wie? Ich liebte nur Deinen Körper – –? – – Aber, aber! Seit wann kültz Du denn? Was? Also: Gut! Im Ernst: Abgesehen davon, daß ich Deinen Körper liebe, tatsächlich liebe, abgesehen davon – – also: Wie bitte? Du lachst! Jetzt wird es mir zu dumm! Ja, was denkst Du denn?! Nicht genug, was ich für Dich tue? – – – – (er hält in seinem Krawattenbinden inne) Also, höre: Weine nicht! Weine nicht!

Ich kann das Geräusch nicht hören! – – Du liebst mich? Meine »Seele«? Schön. Und ich liebe Dich. Der Mann hat Seele, die ist Körper. Mutter Erde. Verstehst Du? – – Nein, das kannst Du nicht verstehen – – Und dann, wei[n]st Du, ich bitte Dich: Sprechen wir nicht mehr darüber. Ich meine, die Liebe ist etwas so Erhabenes, daß man es nur zu leicht entheiligt, profaniert. Man entheiligt das Göttliche durch unsere mehr oder minder doch nur barbarischen Laute – – – – man soll so etwas gar nicht in den Mund neh-men – – – –

Guten Morgen!

(ab)

Tanzstunde

Als ich tanzen lernte, war der Weltkrieg noch kaum vorbei. Ich ging damals in die Oberrealschule in Budapest. Unsere Schule lag in einer Seitenstraße, gegenüber lag das Gefängnis und weiter vorn der Justizpalast, es war also eine Straße der Gerechtigkeit.

Ich erinnere mich noch an meinen Tanzmeister, er hatte eine Perücke auf seinem Sattelkopf. Mit mir gab er sich wenig ab. Sein Sohn ist im Krieg gefallen und mir sagte er, ich sehe seinem Sohne ähnlich, und deshalb war ich ihm unsympathisch, weil ich ihn immer an seinen einzigen Sohn erinnerte. Er wollte mich auch deshalb immer in einen anderen Kurs stecken, das war ein Anfängerkurs, aber ich protestierte dagegen.

Trotzdem gelang es ihm, mich zu degradieren. »Sie lahmen ja!« schrie er mich an, »eins zwei drei. Eins zwei drei!« Ich bin nur froh, daß der Krieg vorbei ist, was glauben Sie, was der Erzherzog Josef sein Wort halten wird, eins zwei drei, eins zwei drei? Er hat doch auf die Republik geschworen (der Erzherzog Josef hat natürlich sein Ehrenwort gebrochen).

In Budapest erschien damals eine Zeitung namens »Budapester Misthaufen«. Der Redakteur war ein verkommenes Subjekt, aber er hatte entschieden Humor. »Erscheint wenns nötig ist«, stand auf dem Blatt. Der Redakteur schnüffelte überall herum nach privaten Geheimnissen, ging dann auf die Redaktionen in die Familien und gab es preis. Was zahlen Sie, wenn ichs nicht bringe?

[Der junge Mann]

Es ist Sonntag und ich habe soeben einen Zehnmarkschein gefunden. Zehn Mark ist enorm viel Geld, ich hatte nurmehr 2 Mark, und hätte noch vier Tage bis zum 1. auskommen müssen. Ich bin also gerettet, ich habe nun jeden Tag drei Mark zu verzehren. Da ich Miete, Essen, Trinken, Rauchen schuldig bin, auf der Trambahn schwarzfahre, so komme ich also aus.

Ich bin ein junger Mann. Es ist Frühling, die Straßen stinken, die Frauen sind bunt, die Anlagen grün – ich will in den Zoo gehen. Die gefundenen 10 Mark machen mich zum Casanova. Ich überlege: Es ist Frühling, die Sonne scheint, es wird aber bald regnen – auf alle Fälle: Ich brauche eine Frau. Was für Frau, weiß ich nicht. Ich habe keinen Typ. Mir gefällt jede. Ich bin nicht wählerisch, nur feig. Aber mit 10 Mark in der Tasche, da brauch ich keine Angst zu haben vor einer Tasse Café, sie kann auch zwei Kuchen essen – wenn ich ein Auto hätte, dann wär ich unwiderstehlich.

Also: Die erste Frau war eine große schlanke blonde Frau. Sie stand vor einem Käfig, in dem nichts drinnen war. »Es ist nichts drinnen«, sagte ich. »Nein«, sagte sie, »es ist wirklich nichts drinnen.« Wir schauten beide auf den leeren Käfig. »Es war vielleicht etwas drinnen«, sagte ich. Sie schwieg. »Ich glaube, es war etwas drinnen«, log ich. »Es wird vielleicht noch immer drinnen sein, ich habe gehört, daß etwas drinnen ist.« Ein Junge blieb stehen und guckte hinein. Immer mehr Leute kamen und guckten. »Was ist da drinnen?« frug ein Herr. »Es ist was drinnen«, antwortete ich. Die Frau lächelte und ging weiter. »Junger Mann«, frug eine dicke Frau, »wat is hier drinn?«

Es sammelten sich immer mehr und mehr Leute. Ich ging.

Meine Blondine stand vor den Löwen. Der Löwe sah traurig aus. Vor ihr stand ein Herr, der bildete sich ein, den Löwen hypnotisieren zu können.

Marianne oder: Das Verwesen
Eine Novelle

Nach dem Tode löst sich der Körper auf: Er verwest. Die Verwesung gebärt neues Leben – die Seele schwebt in den Schoß eines mächtigen guten Vaters, behauptet der Aberglaube.

Es gibt aber nun einen Tod, der eintritt und der Körper lebt noch einige Jahre weiter, man verwest bei lebendigem Leibe.

Von einem solchen Fall will ich hier berichten. Seine klinische Diagnose lautet auf beginnende dementia praecox.

Mit Recht werden viele fragen, was geht dieser Einzelfall mich an? Aber er ist ein typisches Beispiel für den Kampf der Triebe gegen die Kultur. –

Ich hab Marianne vier Jahre lang nicht gesehen. Vor vier Jahren hatte ich mit ihr etwas. Sie war nervös, und einmal hatte ich sie verprügelt.

Nun sah ich sie wieder. Sie wusch sich nicht mehr, roch übel aus dem Munde, stank nach Schwein, verwahrloste sich.

Sie starb vor drei Jahren. An ihren Tod kann sie sich nicht genau erinnern.

Der römische Hauptmann

An einem Vorfrühlingstag nachmittags war die Exekution beendet. 33 Jahre nach Christi Geburt. Die drei Kreuze standen gegen den Himmel vor der Stadt. Das Volk, das der Exekution beigewohnt hatte, kehrte nach Hause zurück und unterhielt sich angeregt. Der Friseur Brantl sagte, er sei gegen die Todesstrafe. Es waren keine Kinder dabei, die wußten noch nichts von der bösen Welt. Und ein Liebespaar.

Die drei Leichen hingen an den Kreuzen. Es war ein politischer und zwei kriminelle Delinquenten.

Auch die Henker gingen nach Hause. Und die Soldaten auch, die die Ordnung aufrecht erhalten haben. An der Spitze der Herr Hauptmann, in einer feschen Uniform die Leutnants. Mit Musik.

Der Hauptmann war mit Leib und Seele Soldat. Er kümmerte sich sein Leben lang [um] nichts, als soldatische Bücher. Er hatte die Kadettenschule besucht.

Ansonsten war er unverheiratet. Er sprach wenig und war beliebt wegen seiner Gerechtigkeit.

Im letzten Krieg tötete er vierzehn Feinde in einer Schlacht, konnte aber keiner Fliege etwas zu leide tun.

Die Exekution war ihm peinlich. Er liebte derartige Schaustellungen nicht. Er war natürlich absolut für die Staatsautorität.

Hätte er Christus, den Nazarener, nicht hingerichtet, sondern wäre bereits Christentum gewesen, wäre er sicher ein Heiliger geworden.

Der römische Hauptmann hat es erkannt: Nicht Zweifel über die Berechtigung der Hinrichtung, sondern Zweifel daran, ob der Gekreuzigte nicht Recht gehabt hatte. Das Herandämmern einer neuen Zeit, der Untergang einer anderen.

Nie waren ihm solche Gedanken gekommen, aber jetzt standen sie plötzlich vor ihm. – –

Zu Hause angelangt, zog er sich um. Dann ging er ins Kasino.

Dort traf er Kameraden.

Dann Schlaf. Soll er die Konsequenzen ziehen? Soll er Christ werden? Verzichten? Soll er den bunten Rock ausziehen?

Dann schreibt er einen Brief.

Dann geht er sich rasieren.

Dann Dienst.

Dann zum Tee zur Gräfin.

»Man sollte was unterschlagen«, sagte der Hauptmann, »nur weg! Weg!«

*

An dem Busen seiner Geliebten vergißt er die ganze Geschichte mit der Kreuzigung.

*

Ohne Geld

Man weicht mir aus.

Denn meine Schuhe sind zerrissen und mein Anzug ist auch nicht so ganz in Ordnung. Die Hose ist mir zu kurz, der Rock zu lang, der Hut zu klein, die Schuhe zu groß. Bis gestern trug ich noch eine Krawatte. Die war allerdings sehr schön und neu. Aber ich hab sie weggeschmissen auf Anraten eines Kameraden, der mir sagte: »Diese Krawatte muß logischerweise die Aufmerksamkeit eines jeden Gendarmen erregen. Sie paßt nicht zu Dir. Man sieht doch schon von meilenweit, daß Du sie gestohlen hast.« »In der Tat?« fragte ich. »Natürlich«, sagte er.

Er war ein alter, erfahrener Landstreicher mit über fünfzehn Vorstrafen. Es waren aber nur so kleinere Strafen, meistens Mundraub oder unberechtigtes Betreten fremder Grundstücke. Gewalttat war keine dabei. Er war ein alter, weiser Mann.

Ich folgte ihm, denn ich wollte mit der Gendarmerie nichts zu tun haben. Ich kenne die schon. Zweimal habens mich schon eingesperrt. Und wegen so einer neuen Krawatte – – also das steht nicht dafür!

Ich schmiß also die Krawatte weg. Sie war zu schön für mich.

Es ist Mittag, und die Sonne scheint. Um die Mittagszeit ist es am besten, auf der Landstraße zu gehen, denn dann fahren die wenigsten Autos. Um die Mittagszeit herum essen die Autofahrer und dann ist die Straße am leersten und menschenwürdigsten.

Wir zwei, der Alte und ich, gingen nun über die Straße. Es war ein hügeliges Land.

Radfahrer kamen uns entgegen und überholten uns. Die Frauen sahen meistens starr und ängstlich an uns vorbei.

Der Alte sah immer grimmig drein, dann hatten sie Angst. Das freute ihn.

Wir gingen nicht schnell. Es ist eine bestimmte Art, langsam zu gehen, wenn man weit kommen möcht. Und wir wollten weit kommen, hatten aber kein direktes Ziel.

Heut gingen wir noch nicht viel. So zirka fünfzehn Kilometer.

Wir hatten bei einem Bauern übernachtet. Er sagte uns, wir könnten übernachten, müßten ihm aber dafür am nächsten Tage beim Heu helfen. Wir sagten natürlich zu. Aber ganz in der Frühe schlichen wir uns heimlich davon und hauten ab.

Ins Heu sollten wir? Was denn nicht noch!

Wir werden doch nicht arbeiten, wir sind ja nicht blöd!

Ja, wenn man gleich eine Arbeit bekäm, mit der man viel Geld verdienen könnt, dann natürlich schon! Aber das Geld reicht höchstens für ein Essen. Und das können wir uns auch erbetteln. Oder stehlen. Leider kann man sichs nicht stehlen, daß die Schuhe geflickt werden. Aber darauf legen wir auch keinen solchen Wert.

Die sogenannten anständigen Menschen, sie sollen uns nur ausweichen! Wir haben kein Geld, bekommen kein Geld und brauchen auch kein Geld!

Ich hab überhaupt noch nie Geld gehabt.

Seit ich mich erinnere, hatte ich immer nur das, was ich gerade gebraucht habe. Ich lebte immer von heut auf morgen. Auch bei meinen Eltern war das so. Mal hatte mein Vater Arbeit, mal nicht. Mal meine Mutter, mal nicht. Mal hatten beide nichts, mal beide. Dann hatte mein Vater einen Rausch.

Ich bin ein Findelkind. Eine alte Bäuerin hat mich gefunden, in einem Korb mit einem Zettel, daß die Mutter eine arme Frau ist. Das glaub ich ja nicht ganz. Vielleicht bin ich das Produkt eines Skandals.

Romanfragmente

Charlotte. Roman einer Kellnerin

Es waren drei Wochen vergangen seit dieser Redoute, der Fasching war aus, die Starkbiersaison begann, München flaggte zum Nationalfeiertag und es gab zwei Wochen hindurch täglich fünf- bis sechstausend Betrunkene. Die Straßenbahnen konnten nicht weiterfahren, weil sich die Leute auf den Schienen auszogen, es wurden im ganzen zweiundzwanzig Leute erstochen, darunter zweiundzwanzig Norddeutsche, drei erschossen, einer hat sich selbst erschossen, aus lauter Gemütlichkeit. Die Leute standen von den Tischen nicht mehr auf, kotzten daneben hin, sangen: Deutschland, Deutschland über alles, versicherten im Chor, daß es nur ein Loisachtal gibt und frugen sich gegenseitig, ob sie auch das Tal im »Alpenglühen« kennen, Bayrischzell und die Alpenkönigin Edelweiß. Drei Frauen und neun Männer wurden vergewaltigt und siebzehntausendzweiundzwanzig Ehen gebrochen und ungefähr dasselbe fast gebrochen. Vornehme Damen traten einfach heraus und pißten auf die Straße, die Schutzmänner hatten anstrengenden Dienst. In einer Bierbude saßen zehn Männer um einen Tisch. Der eine wollte sich den Mantel holen, sah aber, daß er gestohlen war, sprang auf den Tisch und schrie: »Damit ihr seht, wie ich mir das zu Herzen nehme, erschieß ich mich«, und zog einen Revolver und erschoß sich. Fiel tot über den Tisch, an dem sein Bruder saß, der sagte nur: »Is dös aba a Witz, jetzt derschieaast si der wegn an Mantl.« Das Blut rann mit dem Bier zusammen und die Ordner schafften die Leiche aus dem Saale. Es war sehr gemütlich.

An Alkoholvergiftung erkrankten dreißig Personen, eine Frau wurde bewußtlos in das Krankenhaus gebracht. Ein würdiger alter Herr mit Bismarckblick stieg am Marienplatz ein und fiel mit seinem langen weißen Bart um. Alles bemühte sich um den Patriarchen, als er zu sich kam, spie er den Wagen voll, der gute alte Herr, und rülpste nach Bier und Rettich. »Herzlichen Dank, meine Herren!« sagte er und fiel aus der Straßenbahn. Die Sanitäter brachten ihn mit einem komplizierten Oberschenkelbruch in das Krankenhaus. Er starb dort, der Arme, am Säuferwahn.

Sein Delirium: Kleine Kinder bekamen Bier eingeflößt, die Brust der Münchener Mutter hatte Bier statt Milch, und in den Kirchen verwandelte sich Bier in das Blut des Nazareners. Die ganze Stadt war ein Bierkeller, es gründete sich ein Verein gegen das schlechte Einschenken, der stellte den Ministerpräsidenten, und man vergaß das Vaterland, es hieß statt Bayern und Pfalz, Hopfen und Malz, Gott erhalt's!

Und während der Arme am Säuferwahn starb, kam der Vater Charlottes nach Hause. Am Hute trug er Tannenreis. Er legte sich zu Bett.

Der angestammte König, Otto von Wittelsbach, war verrückt und infolgedessen regierte der Prinzregent Luitpold, den die Welt von den Briefmarken her kennt. Er unterstützte die Künstler, ging auf die Ateliers, ging auf die Gemsjagd und Wilhelm der Zweite war ihm höchst unsympathisch. Er war schon ein alter Herr, rauchte schwere Zigarren und war allseits beliebt, denn er störte nirgends, wo er hinkam. Er sah dekorativ aus, und der Bayer liebt das Kunstgewerbe.

Die Münchener Bürger kümmerten sich nicht um Politik, und ihr ererbter Liberalismus äußerte sich nicht im Freihandel, sondern in einer Duldsamkeit gegen den Rausch, die Besoffenen. Freie Bahn dem Besoffenen, das war die Parole.

Die Museen mußten wegen dem Fremdenverkehr errichtet werden, der blühte. Jeder Maler war Professor, die Schwabinger beliebt, der Geist geduldet, die Künstlerfeste, dazu mußte man die Kunst haben. Der Mittelstand erwies wiedermal seine Kulturaufgabe, als der Stand, der die Kultur trägt. Der Kitsch blühte, Zarathustra tanzte und Isar-Athen war so gemütlich, die Stadt der Musen, der Boheme, dieser bürgerlichen spießigen Anarchisten und des deutschen Museums, dieses Wunderwerkes der Technik.

Charlottes Mutter las soeben in der Zeitung, daß Zar Nikolaus mit Imperator Rex Wilhelm zwo zusammentraf und [sie] sich herzlich begrüßten und daß der Bürgermeister von Berlin, Herr von Jagow, auf die Leute schießen ließ und daß wieder so eine Schweinerei von einem gewissen Wedekind verboten worden ist und daß Ludwig Thoma wegen Beleidigung von Vertretern von Sittlichkeitsvereinen eingesperrt worden ist, als ihr Mann eintrat. Sie fühlte sich in gewisser Weise als Siegerin über ihn und seit dieser Redoute hatte sie es sich vorgenommen, ihn ab und zu zu ärgern. Er schien ihr plötzlich minderwertig, und daß sie eine viel bessere Partie hätte machen können. Es war ihr aber, als merkte er ihre Gedanken und [da] tat er ihr wieder leid. Er setzte sich in den Stuhl und las die kleinen Anzeigen, wer gestorben ist usw., das andere, denn ob unsere Zukunft am Wasser liegt, oder nicht, das interessierte ihn nicht. Sie bildete sich ein, daß das Kind vom Attaché war, und es war doch von ihm, denn nach jener Redoute nahm er sie auch, denn das dicke Mädel war plötzlich mit einem jungen Studenten verschwunden mit wasserblauen Augen, der zum erstenmal auf einer Maskengaudi war. Der Attaché konnte nämlich gar kein Kind bekommen, das wußte er. Er war unfruchtbar, und das war gut so. Also war Charlotte rechtlich korrekt erzeugt und die geheime Hoffnung der Mutter zu Schanden geworden.

In der Nacht lag er neben ihr, sie war wach, und er sprach im Schlaf sonderbare Dinge: »Zensi«, sagte er, »Zensi – – wieso nacha hast Du sechs Kinder also, da kommts doch dann auf den einen auch nicht zusammen. Schau, Alte, wieso? Was hat der gesagt? Ich könnte auch der Vater sein? Wo ich so obacht gebn hab! Ha? So so – – also, Fräulein Bichler, leckens mich am Arsch.«

Charlottes Mutter ging in solcher Stimmung auf die Redoute.

Als Charlotte geboren wurde, war es Nacht, so eine richtige kleinbürgerlich-romantische Nacht und Spätherbst. In den nahen Alpen ist es still geworden, die Luft stand unheimlich klar, und abends zog ein zarter Nebel über die schwarzen Teiche und den Wald.

Im Kaisergebirge bei Kufstein machte am selben Tage Paul Preuss, der berühmte Alpinist, die ungewöhnlich schwierige Nordwestwand des Totenkirchls. Er war der wagemutigste Alleingeher und ist auch abgestürzt, einige Jahre später. Da war aber Charlotte bereits vier Jahre alt und sie hatte noch keine Ahnung von Nordwestwänden, sie hatte noch nie einen Berg gesehen, es interessierte sie auch nicht, sie hatte eine Puppe und bohrte in der Nase und roch daran. Abends betete sie vor dem Einschlafen, ohne zu wissen, was sie daherplapperte, aber es wurde ihr so schon in frühester Jugend eingetrommelt, frei nach dem Nancyger Apotheker, daß sie ein sündiger Mensch sei und daß Gott ihr die Sünden vergeben möge. Ihre Sünden bestanden vorerst darin, daß sie die Butter mit den Fingern angriff, sich des öfteren bemachte und furchtbar schrie, wenn man sie in einer dunklen Kammer allein ließ. Sie hatte Angst vor dem Kaminkehrer. Und, daß sie Pepperl, dem Hunde, auf die Schnauze küßte.

Ich weiß nicht, ob Gott ihr das alles verziehen hat. Fest steht, daß er irgendwie auf Charlotte verärgert gewesen sein mußte, denn mit acht Jahren ist sie in der Schule durchgefallen und bekam Dyphteritis. Gott hat sie fast zu sich genommen, aber der gute Arzt, Herr Dr. Müller, hat es nicht zugelassen. Er hat mit dem Serum Kochs mit Gott gekämpft. Gott sprach: Mein Gott, jetzt erfinden sie sogar schon Serums, wie soll das enden? Jetzt gibt es schon keine Cholera mehr, keine Pest in zivilisierten Gegenden. Nur gut, daß sie die Syphilis noch nicht ganz heilen können.

Und er bestimmte den Erzbischof von Prag, der sprach: Man darf nicht gegen die Krankheiten kämpfen, sie sind Gottes Prüfungen. Wenn einer heult, laßt ihn heulen. Wenn einer Geschwüre hat und Knochenfraß, so helft ihm nicht, denn warum hat er sich mit dem Fräulein Kitty Mesalka abgegeben? Wie? – – Aber die Welt wurde immer ungläubiger und Gottes Stimme drang nicht in die Laboratorien. Sie machte Halt vor der Klinik.

Später kam Gott auf eine sehr gute Ausrede. Er sagte, er hätte es sich überlegt. Die Dyphterie sei ab heute eine Harmlosigkeit. Aber die Menschen sollen nur nicht zu frech werden, denn zum Beispiel Zuckerkranke sind immer noch unheilbar.

Gott ersann immer neue Bazillen. Seine Erfindungsgabe ist göttlich.

Aber der Mensch wehrte sich: je nach Geldbörse.

Und Gott sprach: Es werde Krieg!

Und es ward Krieg. Und Gott sah, daß es gut war.

An die Zeit vor dem Kriege konnte sich Charlotte nicht erinnern. Als der Krieg ausbrach, war sie zehn Jahre alt. Sie hatte eine einzige Erinnerung an die Tage vor der großen Zeit: Sie saß in einem hohen Zimmer am Boden und spielte mit Puppen und bunten Steinen und Kugeln. Draußen schien die Sonne, aber kein Strahl fiel in das Zimmer. Sie hatte das Gefühl, als wäre das Zimmer ungeheuer hoch über der Erde, derweil war es nur der dritte Stock. Und dann weiß sie, daß, wenn sie zum Fenster träte, draußen ein breiter Fluß fließen würde, tief unten in der Ferne mit einer Eisenbahnbrücke. Ein Zug fährt lautlos darüber in eine große graue Ebene mit einem Rauch aus Schlagsahne, am Horizont steht der Abend mit violetten Wolken.

Aber das ist ja alles nicht wahr. Das Zimmer ging auf einen Hof mit verkrüppelten Fliederbüschen und Kehrrichttonnen, in diesem Hofe klopften die Hausfrauen die Teppiche aus, führten ihre Hündinnen, wenn sie läufig waren, hinunter, das Kinderspielen hat der Hausherr verboten, weil sie ihm mal den Flieder gestohlen hatten und ohne Rücksicht auf eine sterbende böse Großmutter Biedermeyer im ersten Stock johlten und schrien, wie besessen. Sie spielten Verbrecher und Gendarm, jeder wollte Verbrecher sein, keiner Polizist.

Ein Psychoanalytiker hatte Charlotte mal gesagt, das Bild von der Landschaft, die es nie gab, sei so 'ne sexuelle Sache. Er wollte ihr das alles erklären, weil er mit ihr schlafen wollte. Charlotte wollte ja auch, und sie dachte sich die ganze Zeit, wenn er nur schon mal das Quatschen aufhören würde und losginge – – und er dachte, derweilen daß – – und quatschte. Am Schluß wurde aber dann doch nichts daraus, weil alle Bänke am Kinderspielplatz besetzt waren. Es war ein verpatzter Abend.

Das war drei Tage vor Kriegsende, aber wir wollen doch lieber alles der Reihe nach erzählen. Also, es gab Krieg. Krieg ist Krieg, und Charlottes Vater wurde Soldat und sie bekam Zinnsoldaten mit Schwestern, Militärärzten und Sanitätern, Verwundeten. Sie hätte lieber Soldaten gehabt, und zum erstenmale kam ihr der Gedanke, warum sie kein Junge sei. Bis dato haßte sie die Jungen, aber jetzt kam sie sich plötzlich ganz minderwertig vor. Die Leute zogen vor das Gebäude der Österreichisch-Ungarischen Gesandtschaft, sangen Gotterhalte und das Deutschlandlied. Es war ein riesiger Rausch. Der Vater sagte: Serbien muß sterbien, viel Feind viel Ehr, in drei Wochen wird er aus Paris schreiben, aber in vier Wochen war er tot. Charlotte fühlte sich stolz, einen Vater am Felde der Ehre verloren zu haben. Die anderen Mädels blickten voll Neid auf sie. Die Lehrerin in der Schule hat sie belobt und nicht beschimpft, weil sie ihre Schulaufgabe nicht richtig wußte. Sie durfte sogar früher nach Hause gehen. Sie hatte das Gefühl, alle Leute weichen ihr aus, man sieht es ihr direkt an, daß sie einen Vater dem Vaterlande gegeben hat, und das stand ihr gut.

Die anderen Mädeln waren aber nicht faul und bald fiel der Bruder der einen, der Vater der anderen und einer sogar Vater und Bruder. In der Schule erblindeten zwei Väter, fünfe verloren ein Bein, sechs den Arm, vier hatten Nervenschocks, sieben fielen, zwanzig gerieten in Kriegsgefangenschaft und einer ist desertiert. Der hernach noch sitzt. Das Reichswehrministerium war aber dagegen. Er ist nach Holland und es war eine Hausdurchsuchung. Das Mädel ist bei der Prüfung durchgefallen.

In München landete angeblich ein französisches Kriegsflugzeug, das vergiftete die Brunnen, alle Staaten erklärten einander den Krieg, das Café Fahrig wurde zertrümmert, weil an einem Tische ein bodenlos unrasierter Mann saß, der für einen Serben gehalten wurde, eine dicke alte Nonne wurde fast erschlagen, weil man dachte, sie sei ein verkleideter Mann, ein Spion. Aber sie wehrte sich so, daß die Fetzen flogen. »Sakrament«, fluchte die Nonne, »heilige Muttergottes! Ich ein Spion? Ihr Hunde, ich bin eine Deutsche, wie Ihr, Ihr Hunde!«

Aber der Krieg dauerte immer länger, es kam das erste Weihnachten im Feld. Die Presse schrieb begeistert über das deutsche Christkind, das französische Christkind, es gab auch unzählige Marien, auch ein schaumburg-lippisches Christkind. Zu dieser Zeit saß ein einsamer einfacher Mensch in der Schweiz und schrieb Aufsätze über Aufsätze, der einzige, der den Kopf nicht hängen ließ. Lenin. Verlacht und verspottet. Es wußte niemand in Deutschland, außer Berufspolitikern etwas von der Existenz dieses Fanatikers. Die Sachlichen zogen frisch fröhlich in das Stahlbad, der Fanatiker verfolgte diesen realpolitischen Wahnsinn mit scharfem Auge, bereit mit allen Mitteln zuzuschlagen, wie immer auch. Am Anfang war die Tat, sagt Goethe und schrieb den Faust. Am Anfang war das Wort, sagt Wilhelm der Zweite und führte uns herrlichen Zeiten entgegen, am Anfang war, das kümmert mich nicht, sagt Lenin. Jetzt kommt die Tat oder das Wort. Ich bin, sagt Lenin. Ich lebe.

Charlottes Mutter war aber gar nicht so patriotisch wie ihre Tochter. Sie saß bekümmert, sie sah nun das Ende kommen, den Zusammenbruch ihres Geschäftes. Mit Rücksichtslosigkeit richtet das Großkapital den Laden zu Grunde. Zuerst kam eine Bank hinein, dann eine Metzgerei. Die Mutter wurde immer schwächer und kränker, sie mußte eine Stellung annehmen im zweiten Kriegsjahr. Die Zigaretten wurden immer schlechter, die Zigarren hießen Deutsche Keule, Hindenburg, Tannenberg, Ludendorff, all das richtete sie zu Grunde. Sie nahm eine Stellung an in einem Lebensmittelgeschäft, bald gab es aber auch keine Lebensmittel mehr, sie wurde entlassen und bekam pro Monat 15 Mark, für dafür, daß ihr Mann im Krieg fiel. Sie hat ihren Mann gegen Raten verkauft, mit einer monatlichen Abzahlung mit 15 Mark.

Es ging ihr immer schlechter. Charlotte konnte nun nicht mehr Lehrerin werden, sie wurde auch Verkäuferin, dann später kam sie in die Lehre zu einer Kellnerin. Das war eine dicke Frau, die im Krieg dreißig Pfund abgenommen hat, und froh war darüber. In dem Lokal verkehrten viele Soldaten. Einmal kam ein trauriger Soldat und setzte sich, hat sich besoffen, und sang das Lied: »Ja, nimmt denn das Elend schon gar kein End«, bald erschien eine Patrouille und nahm ihn mit. Er hatte sich gedrückt. Sie haben ihn verprügelt. Und später standrechtlich erschossen.

Die Kriegslust wurde immer schwächer. In der Schule waren nun nur mehr die Kinder der Reichen, die Armen mußten heraus. Diese Reichen wurden zum Jungsturm gezwungen und zur Wehrkraft, sie waren alle begeistert, denn sie spielten gerne Soldaten. Auch ich. Ich erinnere mich an Kurt Eisner, an die Unruhen am Marienplatz. Ein Arbeiter sagte zu mir: »Bürscherl! Willst gegen uns, gelt?« Und gab mir eine Ohrfeige, ich war ihm nicht bös, ja der Mann hatte recht. Furchtbarer Haß ergriff mich gegen die Polizisten, die auf die Leute einschlugen, und ich schämte mich über mich. Ich riß die Kokarde von der Mütze, 1917, versteckte die Mütze. Ein Herr hatte das gesehen und gab mir eine Ohrfeige. Ich spürte den Haß in mir, ich erkannte damals mit vierzehn Jahren den Feind.

Wir hatten Übungen in Immenstadt. Waren schwul und betrogen die Kellnerin in der Konditorei. Die Soldaten sahen uns schief an und spuckten aus. Wir sind auf den Stuiben hinaufgehetzt worden, es war sicher gesund, aber das Gesundsein war hier nur Mittel zum Zweck.

Charlotte war in der ersten Zeit Eisverkäuferin. Sie stand im Dienste eines alten blonden Mannes, der sie auch entjungferte. Sie hätte sonst diese Stelle nie bekommen. Wir kauften bei ihr Eis und waren zwar nicht verliebt, aber wir markierten alle die Liebe. »Solche Kerle werden alle Verbrecher«, hatte der Lehrer gesagt, »die ganze Generation.« Die Generation vor uns starb, es war nicht unsere Schuld, also ging es uns nichts an. Heute heißt es, die Jüngsten und die Ältesten. Wir hörten von phantastischen Orgien der Offiziere, ein Schulkamerad von mir hatte einen Bruder, der war

Leutnant, und von dem erzählte er uns immer phantastische Geschichten. Von Französinnen, besonders raffiniert, und Belgierinnen und verhaltenen Russinnen. Wir kannten sie alle, wie sie lieben. In der Nähe unserer Schule war ein Weinlokal und da verkehrte die Mannschaft, am Tage war es finster und abends drang ein mysteriöser Schein heraus. Es hieß, man könne sie haben für einige Mark. Einer ist hinein und hat uns dann alles erzählt. Ich bin auch hinein. Das Mädel (ins Innsbruck), der Bauer als Soldat im Zimmer, der Operationsstuhl.

Wir waren dreizehn Jahre alt. Wurden vierzehn. Und das Verhältnis zu Charlotte wurde immer eindeutiger. Ich ging mal mit ihr spazieren, es war Nacht und sternenklar. »Wieso«, hab ich gesagt, »bist du entjungfert worden?« An diesem Abend fielen viele an den Fronten, es wurde eine große Schlacht geschlagen. Wir wechselten die Stimme während des Kanonendonners, wir waren in der Pubertät. Das Weltschmerzliche ging auch uns an, aber wir überwanden es bald. Ringsumher war alles Dreck, und das Erwachen unserer Gefühle kam uns komisch vor. Wir waren nicht mehr der Mittelpunkt. Wir höhnten, gingen unter oder überwanden, es gab nur dieses beide. Ein Ausweichen gab es für uns nicht. Nur die Reichen, die spürten genauso, nur, daß sie später erkannten, daß ihr Vorteil in der Betonung des Persönlichen liegt.

Zu all diesen Problemen hatte ein Mädel, wie Charlotte, keine Zeit. Die reichen Weiber stellten sich solche Probleme, aber wenn sie über so etwas nachdachte, hieß es sofort, sie sei faul, während die reichen Weiber sich behandeln ließen.

Ab ihrem dreizehnten Jahre hatte sie keine Zeit bis zu ihrem zwanzigsten. Dann war sie zwei Jahre arbeitslos. Aber sie hat ihre Ansichten nicht geändert, nur verhärtet.

Ihre Mutter war auch gestorben und Charlotte stand allein auf der Welt. Ihre Mutter starb vor dem Krieg, sie hatte zuviel Kunsthonig gegessen und starb an Vergiftung. Die Fälle wurden seinerzeit verschwiegen, um die Begeisterung über den Kunsthonig nicht zu beeinträchtigen.

Himmelwärts. Romantischer Roman
[Textstufe 1]

Dieses Buch behandelt eine sonderbare Reise dreier Zeitgenossen, die wo das große Los gezogen haben – – und sich nun um ihr ganzes Geld ein schönes großes komplettes Motorboot mit Proviant gekauft haben, anstatt mit dem Gelde sich eine Existenz zu gründen, oder anderen zu helfen, aber maßen sie sehr liederlich und leichtsinnig waren.

Eigentlich, das muß der Verfasser gestehen, hat er diese drei Zeitgenossen noch niemals ganz nüchtern gesehen. Entweder traf er sie im Wirtshaus oder sie kamen gerade aus dem Wirtshaus. Nur sehr selten gingen [sie] ins Wirtshaus, dann waren sie vom Tag vorher noch voll. Am nüchternsten waren sie noch drinnen im Wirtshaus, und das sagt ja genug.

Der Verfasser will dieses Buch schreiben für Leute, denen es schlecht geht – – die sollen es lesen, und falls sie aber überhaupt nichts mehr lesen wollen, was verständlich ist, dann sollen sie es sich vorlesen lassen. Falls sie aber auch nichts mehr hören wollen, dann werden sie aber auch nicht lachen über dieses Buch, und dann sollen sie es gar nicht lesen.

Nach wie vor gilt aber dem Verfasser als höchster Spruch: Gegen Lüge und Dummheit. Werdet aufrichtig, erkennt Euch selbst! Nehmt Euch nicht zu ernst, es steht Euch weder an noch gut.

I.

Das Gasthaus zum Drachen liegt in der Mitte meiner Heimat. Es ist zwei Stock hoch und hinten hat es einen Stall, doch stehen dort keine Pferde mehr drinnen, denn die Eisenbahn wurde schon längst erfunden und die Kraftfahrzeuge auch.

Aber noch vor hundert Jahren ist das alles ganz anders gewesen, da standen im Stall ständig Pferde – – große und kleine, dünne und dicke, alte und junge, dumme und kluge, feurige und traurige, schöne und häßliche, störrische und folgsame, Araber, Lipizzaner, Belgier, Tiroler, Rappen, Füchse, Schimmel, Hengste, Stuten, Wallache, Fohlen und Mißgeburten. Edle und unedle, treue und böse.

Damals hat sogar mal ein richtiger König im Drachen übernachten müssen, weil es die Deichsel seiner Staatskarosse durch irgendeine Hexerei zerrissen hat. Der König hat sehr geflucht, hat sich bekreuzigt und hat sich betrunken, ist auf sein Zimmer hinauf und um ein Haar hätte er seinem Verbündeten den Krieg erklärt, wenn er noch hätte unterschreiben können vor lauter Rausch. Aber er hat vor lauter Rausch nicht mehr gewußt, wie er mit dem Vornamen heißt. Und als ihm der eingefallen ist, hat er nicht gewußt, der Wievielte er ist. Und so wechselte sich das immer ab. Er war schon ganz verzweifelt, der König, und hat abdanken wollen, aber knapp vorher ist er umgefallen und hat geschnarcht, daß sich meine Urgroßmutter bekreuzigt hat im Bett, weil sie gemeint hat, daß die Erde bebt.

Ja, das waren noch Zeiten – – aber heute? Heute wird die Welt immer enger, die Pferde immer weniger und die Leut immer mehr. Bald werden sie keinen Platz mehr haben und werden verhungern, obwohl, wie es sich die Kapazitäten haarscharf ausgerechnet haben, auf dieser kleinen Erde so viel wächst, daß ein jeder Mensch so viel fressen könnt, und so lange, bis es ihm gar nicht mehr schmeckt. Aber leider haben es sich halt die Kapazitäten noch nicht ausgerechnet, wie man diesen Überfluß verteilt, so daß sich ein jeder überfressen kann, bis er krank wird. »Wir sind halt alle miteinander viel zu dumm«, pflegte der Drachenwirt zu sagen,

»und gescheiter werden wir auch nicht.« Der Drachenwirt war ein Pessimist, denn infolge der schlechten Zeiten kam keiner außer uns. Wir machten zwar jeden Abend eine hübsche Zeche, und oft fing so ein Abend abends an und dauerte bis zum nächsten Abend. Ja, ich bekenne es reumütig, wir haben wirklich über das erlaubte Maß hinaus getrunken und haben uns wenig gekümmert um unsere Mitmenschen, eigentlich nur dann, wenn sie uns im Trinken gestört hatten. Wir haben nichts gearbeitet, wir hätten ja auch keine Arbeit bekommen – – woher hatten wir aber das Geld? Das Geld war ein Wunder. Das alles war ein Wunder, und ihr werdet es mir nicht glauben, wir haben das Geld gewonnen. In einer Lotterie für Mutterschutz. Wir haben uns zusammen ein Los gekauft um eine Mark und haben dann drei Wochen später zehntausend Mark bekommen. Und die haben wir in vier Teile geteilt – – und dann haben wir uns hingesetzt und haben das Geld versoffen. Meistens beim Drachenwirt. Wir wollten nichts mehr wissen von der Zeit, wir hatten alle kein Geld gehabt, wir haben im größten Rausch Schach gespielt und haben im Wirtshaus übernachtet. Zuerst haben wir auch noch tüchtig gegessen, aber dann haben wir nur gegessen, damit wir besser trinken können. Besonders der Ludwig hat das so getrieben. Dieser Ludwig war ein Herr in den besten Jahren und hatte einst Grundstücke geerbt von seinen Eltern, aber jetzt hatte er keine Seele auf der weiten Welt – – die Grundstücke hat er verspielt und verloren, durch Pech im Spiel und die Inflation. Alles, was er noch besaß, das war ein Motorboot, das ihm keiner abkaufen wollte. Dieses Motorboot hatte er sich, knapp nach der Ziehung des Loses, in seinem Saurausch gekauft von einer Konkursmasse einer Schiffahrtsgesellschaft. Es war das ein sehr ein schönes Motorboot, aber viel zu groß.

Der Heinrich Kowarek hatte den Weltkrieg als sehr junger Mensch kennen gelernt, vorher war er Dentist, aber seit den Aufregungen des Krieges hat er eine unsichere Hand bekommen und hat mit seinen Patienten direkt lebensgefährliche Sachen angestellt. Folgerichtig hat er die Praxis verloren und war als Politiker dann halt auch nichts. Und der Jüngste, das war ein gewisser Christian Schlamperl, der hat die Schule verlassen und war noch nie etwas. Aber er war immer ein tadelloser Fußballspieler und so hatte er Fußball gespielt im Fußballklub meiner Heimat und war eine Fußballhoffnung. Und die Fußballmäzene haben ihn unterstützt, weil sie in seine Kopfbälle verliebt waren. Aber wie er gewonnen hat, hat er den Fußball vernachlässigt, das Training vernachlässigt, seine Fußballzukunft war ihm immer wurschter, er hat sich mit Weibern herumgetrieben und ist unfair geworden. Betrunken stand er am Platz, trat er an in wichtigen Punktspielen, hat nur gegen den Mann gespielt, nie gegen den Ball – – auf sein Konto gehen: Er hat einem anderen Fußballer das Wadenbein gebrochen, zweien das Schlüsselbein, einem den Knöchel und vieren den Arm. Zuerst wurde er verwarnt, dann ausgestellt, dann gesperrt für drei Spiele, dann disqualifiziert für ein Jahr und dann am Ende für sein ganzes Leben. Nie mehr durfte er spielen, aber das war ihm wurscht, denn er hatte ja gewonnen und hat nun alles nur versoffen.

Oh, wie schlecht sind die Folgen des Geldhabens! Geld ruiniert den Charakter, zerstört die moralischen Grundsätze und hemmt die sozialen Triebe!

Und wenn das Geld dann zur Neige geht, und man hat nichts mehr zum Saufen, dann erwacht so ein eigenartiges Wesen, das Gewissen, steht auf, setzt sich an dein Bett und rechnet es dir vor, was du alles verspielt hast, was du alles falsch gemacht hast – – und dann liegst du da schlaflos in der Nacht und schwitzt vor lauter Angst, und schaust heimlich zum Fenster hinaus, ob nicht ein schwarzer Mann über die

Straße geht und unten steht. So ein schwarzer Mann, wie er auf alten Bildern abgemalt ist, der auf einem schwarzen Roß reitet. Und dann fällt dir ein, daß du als Kind gespielt hast »Fürchtest du den schwarzen Mann?«

»Nein!« hast du gerufen.

»Wenn er aber kommt?«

»Dann laufen wir davon!«

Aber du kannst nicht weglaufen und der schwarze Mann steht unten auf der Straße und wartet. Und dann kommt er zu dir ins Zimmer und fragt dich: »Fürchtest du den schwarzen Mann?« Und du sagst: »Ja«. Dann ist er zufrieden und geht wieder fort. Wenn du »Nein« sagen würdest, würd er dich holen, und das ist dein Trost.

Aber dann geht die Sonne wieder auf und schon schaust du nach dem Wirtshaus. Und im Wirtshaus erwarten dich die Kameraden – – du begrüßt sie scheu, aber nach kurzer Zeit wirst du geschwätzig und wagemutig. »Meine Herren!« schrie eines Abends der Kowarek, »es ist uns bekannt, daß wir insgesamt nicht mehr sehr viel Geld haben, und es ist uns ferner mathematisch bekannt, daß die Göttin des Glückes uns kein zweites Mal auf unsere Stirnen küssen wird. Ich werde jetzt eine Rede halten, meine Herren – – ich bin zwar ansonsten ein schweigsamer Mensch, denn ich habe in meiner Jugend, so gleich nach dem Weltkrieg viel geredet, ob ihr mir das jetzt glaubt oder nicht – – ich habe die Welt verbessern wollen, aber es ist mir nicht gelungen, die Welt zu verbessern und ich habe dazu geschwiegen. Besonders seit wir da gesoffen haben, aber ich kann nicht wieder ohne Sauferei sein, was soll ich denn machen, ich kann noch nicht wieder die Welt verbessern wollen, dazu gehört Energie, obwohl es nichts nützt, aber diese Energie hab ich jetzt nicht mehr, weil ich zuviel gesoffen hab, und ich schlage nun vor, daß wir etwas Kühnes unternehmen! Noch haben wir das Geld, um von hier fortzukommen, vielleicht finden wir irgendwo das Schlaraffenland! Meine Herren, ich hab heut die ganze Nacht darüber nachgedacht, da haben wir doch unten unser Motorboot vom Freund Ludwig, setzen wir uns hinein, nehmen wir uns um den Rest unseres Vermögens Wein, wieder Wein, Bier, Schnaps und etwas Lebensmittel und fahren wir los!«

Logischerweise kann es niemand verwundern, daß dieser kühne Vorschlag Heinrich Kowareks begeisterten Beifall gefunden hat. Ludwig sprang auf und beglückwünschte ihn und der Christian Schlamperl zog sich schon seinen Rock an, setzte sich seinen Hut auf – – dann verabschiedeten sie sich von dem Drachenwirt, kauften ihm den Keller leer und eilten hinunter zum See. Zum Motorboot.

Die Nacht war schwarz und die Wolken hingen tief und es war unheimlich still. Es war eine Herbstnacht, die Erde roch und die drei bestiegen das Motorboot, verließen die Erde und trauten sich dem Wasser an.

Das Motorboot war, wie gesagt, zu groß. Aber schön und gediegen. Es konnten tatsächlich zwei Personen schlafen, eine essen, eine steuern. Trinken konnten alle zu dritt. Es war auch eine kleine Bibliothek da, lauter Bücher über das Motorboot. Da stand drinnen, was man machen muß, wenn das Motorboot kaputt geht. Auch viele Fahnen waren da – – von allen Ländern, Handels- und Kriegsflaggen, und Seeräuberflaggen und die Pest- und Choleraflaggen.

Lautlos glitt das Motorboot vom Steg fort – – und stach in den kleinen See. Jetzt wurde die Nacht heller, die Tannen standen schwarz an den Uferhügeln und der Mond lag im Wasser. – –

Den See verließen sie durch einen kleinen Kanal, und da warfen sie noch einen letzten Blick auf ihre Heimat und mitten drin auf das Gasthaus zum Drachen. Eine stille Wehmut zog in ihre Herzen, aber bald sollten sie auf andere Gedanken kommen. Die Wehmut hatte nicht viel Sinn, denn eigentlich verließen sie ihre Heimat nicht tragisch – – Wehmut, und sie dachten an die schönen seligen Wirtshausstunden und grüßten ihren lieben Drachen.

II.

So fuhren sie immer weiter weg vom Land und das Wasser drehte sich unter ihnen, weil es halt auch zur Erde gehört, und die Erde drehte sich und sie fuhren in entgegengesetzter Richtung – – und als die Sonne kam, sahen sie nur mehr Wasser um sich, kein Fleckchen Erde, nicht einmal einen Hauch Erde am ganzen Horizont. Himmel und Wasser und beides fast gleich blau und das Meer lag still und gemütlich da, ein großer braver Bruder der stillen Weiher der Kindheit inmitten schwarzer Wälder.

Ludwig schlief noch, und Kowarek trank gerade etwas Schnaps, weil er einen schlechten Magen hatte, eine Magenverstimmung, weil er den Abend vorher zuviel Schnaps getrunken hat, da rief plötzlich Schlamperl, der am Steuer saß: »Kreuzkruzifix, jetzt merk ichs erst, daß wir keinen Kompaß haben! Na, das ist ja eine feine Bescherung! Ohne Kompaß kann man doch nichts erreichen, suchts Ihr auch, Kowarek! He, Ludwig, wach auf, und such den Kompaß! Ohne Kompaß kann es uns leicht passieren, daß wir immer nur im Kreis rumfahren und dazu hab ich keine Lust!«

Aber sie fanden keinen Kompaß, obwohl sie alles durchwühlten – – nur in der Bibliothek fanden sie ein Buch. Aus diesem Buch bestand die ganze Bibliothek. Das Buch hieß »Der Kompaß. Eine historische Untersuchung« und Ludwig schlug die Seiten auf und las auf gut Glück: »Die Chinesen sollen den Kompaß schon 121 v. Chr. benutzt haben. Die früheste Kunde von der Nordweisung treffen wir bei Alexander Neckam, dem Milchbruder von Richard Löwenherz, und etwas später bei Guiot von Provins, und es ist nicht sicher, ob die Nadel aus China unmittelbar oder durch die Hände der Araber nach Europa gelangt ist.«

»Was nützt uns das, diese historischen Reminiszenzen?« sagte Kowarek und machte einen resignierten Eindruck, auch Schlamperl hatte das Steuer resigniert verlassen.

»Irrtum«, sagte Ludwig, »wir müssen durch die Geschichte lernen. Und was lernen wir durch diesen Bericht? Etwas für uns ungeheuerlich Nützliches, mit praktischen Folgen für unsere Lage – – die Geschichte ist die beste Lehrmeisterin! Wir lernen daraus, daß der Kompaß im besten Falle 121 v. Chr. erfunden worden ist, und zwar in China – – und was haben die Leut bis dahin gemacht, he? Sind sie nicht gefahren? Denkt nur an die Wikinger, Römer, Griechen, Phönizier? Sind die vielleicht nicht gefahren? Die Wikinger sind ja sogar nach Amerika! Und was haben die Chinesen gemacht vor 121 v. Chr.? Sind die vielleicht nur gelaufen und gegangen – – oh nein! Die hatten auch schon eine Flotte! Kriege haben sie sogar geführt ohne Kompaß! Ich erinnere nur an die römischen Enterbrücken und an deren Erfinder! Ganz abgesehen davon, daß wir hier in Europa im besten Falle erst durch Alexander Neckam, dem Milchbruder von Richard Löwenherz, erfahren haben, was ein Kompaß ist! Da lest es mal selber! Das ist ein sehr kluges, aufschlußreiches Werk! Da könnt ihr viel lernen! So, und jetzt übernehme ich das Steuer! Weg da! Hoppla, jetzt komm ich! Prost!«

Während Ludwig das erzählte, bewölkte sich der Himmel etwas und überall her kamen kleine Wellen auf das Boot zu. »Hoffentlich kommt kein Orkan«, meinte Schlamperl besorgt, »das fängt immer so klein an« – – aber kaum hatte er ausgesprochen, zogen die Wolken schnell weg und die kleinen Wellen beruhigten sich, hörten auf, und es gab wieder nur Sonne und Meer. »Wir haben Glück«, konstatierte Ludwig.

So fuhren sie ohne Kompaß dahin. Jetzt stand der Ludwig am Steuer, der Schlamperl schlief und träumte von einem alten Jahrgang – – und der Kowarek lag am Bauch und stierte in das Meer hinab. Das war ungewöhnlich durchsichtig und wurde es noch immer mehr. Er konnte bis zum Boden hinabsehen, und was es da alles gab! Seltsame große Wälder, Tintenfische und Medusen, fleischfressende Pflanzen, Wracke, Kriegsschiffe aller Zeiten, eine Galeere mit angeketteten Skeletten – – Korallen, Tiefseefische, die haben sich selber geleuchtet. Und der Sägefisch hat gesägt, und die Muscheln und die Perlen – – und alle möglichen Formen, kurze und dünne, er konnte sich gar nicht von dem Anblick trennen, bis es Nacht wurde. – – War das ein Leben!

III.

Drei Tage und drei Nächte fuhren sie nun so ohne Kompaß über das Meer. Es war ihnen direkt schon etwas langweilig und besonders steuern wollte keiner mehr, jeder drückte sich vor dieser Arbeit. Sie war auch eigentlich sinnlos, so ließen sie also nur den Motor laufen und spielten Karten. Tarock, Skat, Siebzehnundvier, Sechsundsechzig, Poker, Back.

Und sie merkten es gar nicht, daß sie sich einer Insel näherten, so vertieft waren sie. Erst im letzten Augenblick – – als sie schon fast mit dem steilabfallenden weißen Felsen aus Kalk zusammenstießen, merkten sie was, denn der Felsen warf einen Schatten auf sie. Entsetzt sprangen sie auf und rissen alle drei das Steuer herum, und nur Ludwig ließ seine Karten nicht fallen, denn er hatte ein gutes Blatt.

Aber die beiden anderen, wollten nicht mehr weiterspielen, denn die Insel hatte sie zu sehr aufgeregt. Und alle drei faßten den festen Entschluß, hier mal ans Land zu gehen, denn sie wollten mal wieder Erde unter sich fühlen.

Die Insel war eine sehr kleine Insel und machte, trotz der steilen Felsen, einen lieblichen Eindruck, besonders von der anderen Seite. Sie fuhren zuerst dreimal um die Insel herum, und das dauerte eine halbe Stunde. Dann einigten sie sich endlich, wo sie landen werden. Es ging glatt. Schlamperl war der erste, der die Insel betrat.

Diese Insel war ein kleines Paradies, gegen die rauhen Winde schützten es Felsen – – drinnen wuchsen Bananen und Äpfel, Obst und Trauben, Gemüse – – man sah nur nirgends ein animalisches Wesen. Kein Vogel sang. Da – – plötzlich bellte ein Hund, dann noch einer und noch einer, eine ganze Meute. Und schon stürmte die Meute aus den Büschen, bellte fürchterlich und als sie die Fremden erblickte, wedelten sie mit dem Schwanz und machten Männchen. Es waren reinrassige Hunde, sagte Kowarek, der etwas davon verstand. Möpse, eine unmoderne Rasse, die es eigentlich nicht mehr gibt? Wie kommen denn da die Möpse auf die Insel?

Und immer mehr Möpse kamen, überallher – – »Das ist ja die reinste Mopsinsel«, sagte Ludwig, »große Möpse, kleine, dicke, feurige, alte, junge«, und alle wedelten mit dem Schweife und machten Männchen, küßten ihnen die Hand. »Artige Tiere«, meinte Ludwig.

»Und gut gepflegt, die müssen jeden Tag gebürstet werden. Wer bürstet denn da die Möpse?« wollte er gerade fragen, da erblickte er einen Mann, ein sonderbares Wesen, er hatte ein Blattgewand an, lange Haare und einen langen Bart – – »Bieber«, sagte Schlamperl, »vierundfünfzig Punkte«.

Der Bieber stand regungslos da und starrte die Leute an, die ihn grüßten – – aber er starrte noch immer, als hätte er noch nie einen Menschen gesehen. Aber dann kam er langsam näher und fragte: »Wer seid ihr?«

»Wir? Wir sind hier mit einem Motorboot.«

43

»Motorboot?«

»Ja. Warum?«

»Ich bitte schön, was ist das: Motorboot? Ist das ein Segelschiff oder ein Dampfer?«

»Dort.«

»Aha!«

»Wer bist denn du?«

»Ich bin ein Mensch! Oh, wie bin ich froh wieder Menschen zu sehen! Nein, das ist ja kaum glaublich! Seit vierzig
Jahren sitz ich hier auf dieser Insel, ich bin nämlich ein
Schiffbrüchiger – – der einzige Überlebende, an einer Planke
hab ich mich gehalten und bin hierher gespült worden, vierzig Jahre lang hab ich gehofft, und jetzt ist endlich wer da,
der mich mitnimmt! Nein, ist das wunderbar! Wunderbar!
Oh, du mein Gott, wie danke ich Dir für diese wunderbare
Errettung!« Und er kniete nieder und betete laut.

»Da haben wir es«, meinte Kowarek leise, »jetzt müssen
wir ihn mitnehmen, da hilft uns nichts, das ist menschliche
Ehrenpflicht.«

»Ich war eigentlich gleich dagegen, da auszusteigen«,
sagte Schlamperl und betrachtete bissig die freundlichen
Möpse. Ludwig wandte sich an seine Gefährten: »Hoffentlich sauft er uns nicht alles weg. Unter einer Bedingung,
wenn er nicht zu viel trinkt« – – und er wandte sich an den
betenden Bieber: »Trinken Sie?«

Der Bieber grinste. »Natürlich«, sagte er.

»Und was trinken Sie?« fragte Kowarek.

»Alles«, sagte der Bieber, »was kommt.«

»Bier?«

»Dunkel und hell.«

»Schnaps?«

»Süß und herb.«

»Wein?«

»Rot und weiß.«

»Champagner?«

»Ist doch klar.«

»Und was noch vielleicht?«

»Bowle, Cocktail, Kobler, Glühwein, Grog, Flips, Gin, Likör, Apfelmost, Apfelwein.«

»Genug«, sagte Ludwig.

»Den können wir doch nicht mitnehmen«, meinte Schlamperl, »das geht zu weit! Wir werden uns doch nicht opfern wegen dem! Der sauft uns garantiert alles zusammen! Wenn der vierzig Jahr da gesessen ist, dann kann er auch noch weiter sitzen!«

»Lieber Schlamperl«, meinte Ludwig ernst, »so darf man nicht denken, wir nehmen ihn natürlich mit, keine Frage! Aber trinken darf er nichts, sowie er was trinkt, haun wir ihm die Schaufel nauf und werfen ihn über Bord! Basta!«

Der Schlamperl knurrte noch etwas von unnötigen Komplikationen, aber dann schwieg er – – von Komplikationen, die sich die Menschen selbst bereiten, und man könnt sich sein Leben viel einfacher einrichten.

IV.
[zur Weiterbearbeitung vorgesehene Textskizze]

Und so war es auch. Der Bieber hat sich auf die Insel gerettet, das Schiff war gesunken vor vierzig Jahren, er wollte auswandern, aber er kam nicht dazu. Nun baute er sich hier ein Haus, eine Hütte – – als er sich an der Planke festhielt, sah er einen Mops im Wasser schwimmen, er setzte den Mops auf die Planke, der Mops war aber eine Möpsin und noch dazu trächtig, kaum auf der Insel angelangt, warf die Möpsin, und das waren ihre Nachkommen – – rund tausend, sagte der Bieber, und jeder hat seinen Namen, Mandi, Azorl usw.

Der Bieber kannte die Möpse genau und ihre ganze Genealogie, die Geschichte dieser ganzen Mopsgeschlechter.

Und der Bieber erzählte, was er für Sehnsucht hat nach der Erde, nach den Menschen und nach einem richtigen Schweinskotelett mit Gurkensalat. Denn auf der Insel gab es nur Gemüse, nur Pflanzen – – und einen Mops essen, nein, das bringt er nicht übers Herz.

Die Hütte des Biebers war komfortabel. Auf einem Lager weichen Grases schlief er. Und der Mond war größer wie in der Heimat und lächelte freundlicher. Es war herrlich.

Himmelwärts. Romantischer Roman
[Textstufe 2]

I. Es war einmal

Es war einmal ein junger Mensch, der hieß Ludwig Schlamperl und war, wie alle anderen jungen Menschen, die eben die Schule verlassen. Er beherrschte das kleine und das große Einmaleins und konnte lesen und schreiben, zwar nicht immer fehlerfrei, jedoch fließend.

»Was willst du werden?« fragte ihn sein Vormund, denn er hatte keine Eltern mehr. Sein Vater war nämlich gefallen draußen im Kriege und seine Mutter hat nicht mehr schlafen können vor lauter Herzweh. Ihre Nächte sind immer endloser geworden, aber eines Nachts hat es an das Fenster geklopft, und da draußen ist der Vater gestanden. Ludwig schlief in seiner Wiege und die Mutter hat den Vater nicht gleich erkannt, weil er grün im Gesicht gewesen ist. »Ich bin es«, hat der Vater gesagt, »Du sollst nicht mehr weinen.« Und am nächsten Tage hat die Mutter glücklich gelacht und hat ihrer Nachbarin erzählt, wie herrlich der Vater gewesen ist. »Ein Büschel Heidegras – das hat er mir mitgebracht von seinem Grab«, hat sie gesagt, und die Nachbarin hat es gleich weitererzählt und dann haben alle die Mutter scheu angeschaut und sind ihr ausgewichen. Und dann wurde die Mutter in ein großes, gelbes Haus gebracht, das lag hinter einer hohen Mauer und hatte keine Klinken. Dort ist sie auch gestorben. Aber auch dort hat sie der Vater besucht, und einmal hat er sie mitgenommen mit sich, denn er öffnete die Türen ohne Klinke. »Sie ist wahnsinnig geworden und jetzt ist sie erlöst«, sagten die Leute.

»Ich möchte das werden, was mein Vater gewesen ist, nämlich Oberkellner«, sagte Ludwig seinem Vormund jetzt. »Gut so«, sagte der Vormund und steckte Ludwig in eine Kellnerschule, dort lernte er servieren, einschenken, bedienen, tranchieren, Salat anmachen – – kurz alles, was ein kompletter Kellner wissen muß. Und bald verließ er die Kellnerschule als fertiger Kellner und konnte es schon kaum mehr erwarten, jemand zu bedienen.

Nun war aber gerade eine große Notzeit auf der Welt – – eine Notzeit, gegen die die sieben mageren Jahre noch die reinsten Schlaraffenzeiten waren. Und keiner hatte was zu essen. Wer läßt sich da beim Essen noch bedienen? Was gibt es da noch zu servieren? Die Leut wußten sich schon garnicht mehr zu helfen und viele sagten, der liebe Gott strafe die Menschheit, weil die Menschen so viele Sünden begangen hätten. Aber das war eine zweischneidige Feststellung, weil was die einen unter Sünde verstanden, war für die anderen eine Tugend und umgekehrt. Und viele wieder sagten, das könne unmöglich der liebe Gott sein, der die Menschheit strafe, denn es gäbe doch keinen lieben Gott. Das müßten die reichen Leute sein, und die Reichen sagten, daran wären nur die Armen schuld, weil es zuviel von ihnen geben würde. Und die Reichen bezichtigten sich gegenseitig und richteten sich gegenseitig zu Grund. Und gar viele meinten auch, daß es den Leuten besser gehen würde, wenn sie nicht soviel lügen täten, sich selbst besser kennen lernen würden und aufrichtiger wären, aber denen glaubte natürlich niemand. Und einzelne behaupteten, die Leut wären halt zu dumm, und die wurden fast erschlagen. Kurz: Es waren furchtbare Jahre, die Schulen wurden geschlossen und die Krankenhäuser und Gefängnisse waren überfüllt, die Fabriken standen still, die Hochöfen waren ausgeblasen, die Bergwerke waren still, im Hafen verrosteten die schönsten Schiffe, die Geschäfte wurden geschlossen. Die Wohnungen standen leer, weil sie keiner mehr bezahlen konnte, und die Leute verhungerten und erfroren auf der Straße. Nur die Polizisten wurden immer dicker.

Traurig ging Ludwig mit seinem guten Zeugnis in der Tasche durch die Straßen, denn was soll ein Kellner machen in einer Zeit, wo die Leut verhungern müssen. So kam er bis an den Hafen. Dort standen die schönsten Schiffe und verrosteten, und die Matrosen standen am Kai und keiner gab einen Laut von sich. Sie redeten auch nichts miteinander und es war unheimlich still. Was dachten die Matrosen? Und als Ludwig da drunten stand, da ging es ihm plötzlich durch den Kopf: Du bist ja auch nur ein Matrose und stehst da im Hafen und mußt zusehen, wie dein Kessel verrostet, der Mast verfault, das Segel zerbröckelt – – Du müßtest um die Welt segeln, derweil stehst du da und schweigst. Warum schreist du nicht?

Und Ludwig schrie – – aber schon stürzten zwei dicke Polizisten auf ihn zu und schlugen ihm auf das Maul. Aber die Matrosen sahen nur schweigend zu und halfen ihm nicht, denn sie hatten es bereits erfahren, daß Schreien keinen Sinn hat. Etwas ganz anderes hätte einen Sinn, dachten die Matrosen, aber darüber darf man nicht reden, also schwiegen sie. Ihr Schweigen war ihre Sprache, aber Ludwig verstand sie nicht, weil er halt eben noch zu jung war, gerade erst die Schule verlassen hatte und meinte ein gutes Zeugnis gibt ein Recht. Oh, armer Ludwig! Welche Einfalt!

Und da der Ludwig die Sprache der Matrosen nicht verstand, begriff er sie nicht und war böse auf sie. Und er wollte weg, es war ihm gleichgültig wohin, nur irgendwohin, nur weg von diesen Menschen, die zusehen, wenn man eins auf das Maul bekommt. Kaum hatte er so gedacht, da trat ein Herr auf ihn zu und sagte: »Ich bin Gedankenleser, jedoch kann ich leider nicht prophezeien. Es gibt keine Gedanken mehr zu lesen. Zuwenig. Sela! Verzeihen Sie, aber ich sehe es Ihnen an, daß sie fortwollen – – und ich will nämlich auch fort, weil ich nicht allein sein kann! Ich heiße Schröder.«

Im entlegensten Winkel des Hafens lag ein winziges Segelboot, dessen Inhaber bereits verhungert war. Es war herrenlos und niemand kümmerte sich darum, es hätte keinen Sinn gehabt, es sich anzueignen, weil es sich doch niemand gekauft hätte, und essen kann man ein Segelboot bekanntlich nicht. Also setzte sich Ludwig hinein und segelte ab. Es war ihm gleichgültig, wohin. Aber vorher schrieb er noch an den Landesvater einen Brief, in welchem er ihm auseinandersetzte, daß er nun abfährt, er allein, auf einem kleinen Boot. »Schau, schau!« sagte der Landesvater, als er am nächsten Morgen den Brief erhielt, »das lob ich mir! Allein auf einem Segelboot gegen Wind und Wetter und Elemente! Es ist also die Privatinitiative dieses Volkes, die Kraft noch nicht erloschen!« Und seinen Zeremonienmeister rief er herein und wollte ihm sagen, daß er das durch Rundfunk bekannt gibt all den schweigenden Matrosen, aber er konnte es nicht mehr sagen, denn gerade wie er sprechen wollte, flog eine Bombe in das Zimmer, die einer der Matrosen geworfen hat, explodierte, hüllte alles in Rauch und Schutt und der Landesvater hatte das Maul voll Staub. Traun [*Wort so im Typoskript*], es war eine unruhige Zeit!

II. Ein mißlungener Rekord

Ludwig Schlamperl hatte günstigen Wind. Rasch und lautlos glitt das Boot über das stille Meer, das Land verschwand und bald war auch kein Leuchtturm zu sehen. Die Erde drehte sich und er fuhr in entgegengesetzter Richtung. Auch das Meer drehte sich, denn auch das Wasser gehört zur Erde.

Er freute sich, daß er das Land verlassen hatte, und da war etwas Grimm dabei. Und er freute sich doppelt, denn das Meer machte einen durchaus gemütlichen Eindruck. Aber plötzlich bewölkte sich der Himmel und von überall her kamen kleine Wellen auf das Boot zu. »Hoffentlich kommt kein Orkan«, dachte er besorgt, »das fängt nämlich immer so klein an, weil ich das auf der Kellnerschule so gelernt hab« – – aber kaum hatte er dies zu Ende gedacht, wurden die Wolken wieder klein und Wellen hörten auf. »Mir scheint, ich hab Glück«, konstatierte er und ließ sich treiben. Und die Luft wurde immer klarer. Immer durchsichtiger wurde das Wasser – – Und was es da alles gab, wenn man hineinsah! Gesunkene Schiffe aller Länder und Zeiten, Tintenfische und Korallen und Tiefseefische, die sich selbst leuchteten, und Sägefische sägten, und im Verborgenen blühten fleischfressende Veilchen. Muscheln, die keine Ahnung davon hatten, daß sie eigentlich Perlen sind – – und alles mögliche hat da gelebt, und zwar ganz durcheinander, kurze und dünne – – da gab es Fische, die bestanden nur aus Kopf, andere hatten wieder keinen Kopf, welche waren kugelrund, andere platt, wie Seidenpapier, wieder andere bestanden nur aus einer Flosse – – War das ein Leben!

Gegen Abend begegnete er einem sonderbaren Gefährt. Es sah aus wie eine hölzerne Badewanne, eine altmodische und drinnen saß ein Herr in Frack und Zylinderhut, der ruderte mit einem eleganten Spazierstock. An einer hohen Stange hatte er eine Flagge gehißt, wahrscheinlich die Nationalflagge.

Ludwig hatte noch nie etwas dergleichen gesehen und er wunderte sich sehr. Der elegante Herr, ein richtiger Kavalier, kam ganz nah zu ihm herbeigefahren, lüftete den Zylinder und grüßte ihn höflich.

»Guten Abend«, sagte Ludwig.

»Sie werden sich wundern«, sagte der Kavalier, »aber Sie müssen wissen, daß ich einen Rekord aufstellen wollte, ich bin sehr traurig, ich wollte nämlich einen Rekord aufstellen, und in einer Badewanne die Welt umreisen – – nun bin ich knapp vor dem Ziel, vierzehn Jahre bin ich unterwegs, aber die Badewanne ist porös geworden. Ich halt es noch höchstens eine Stunde aus. Leider kann ich nicht schwimmen. Bitte nehmen Sie mich auf, darf ich zu Ihnen übersteigen, es ist mir zwar gleich, wohin Sie fahren, was hab ich schon verloren? Nichts. Ich würde auch untergehen, aber wie Sie sich überzeugen können, ist die Wanne voll Schnaps, die mir der Präsident von Trapezunt anläßlich meiner Durchfahrt geschenkt hat – – ich kann nämlich ohne Alkohol nicht leben. Man würde mich mit Konfetti empfangen, leider ist das aber Essig. Mein Lebenswerk ist zerstört. Es geht mir schlecht und man kann nur etwas erreichen, wenn man auffällt. Perdu! Da nehmen Sie die Flaschen hinüber, verstauen Sie sie gut! Es ist auch ein kleines Faß dabei. Prima! So!«

Und er stieg zu Ludwig über, küßte vorher noch seine Nationalflagge und sah seiner Wanne noch lange nach. Plötzlich ging die Wanne unter, als würde sie wer heruntergezogen haben, kaum daß er sie verlassen hatte. »Glück im Unglück«, sagte der Kavalier und weinte. Der Kavalier wischte sich eine Träne aus dem Auge und wandte sich an Ludwig: »Können Sie Karten spielen?« fragte er ihn.

III. Ein Bieber

Der Kavalier war ein angenehmer Gesellschafter. Er hatte es auch bald überwunden, seine Wanne, zunächst besoff er sich, um die Wanne zu überwinden. Auch Ludwig trank die erste Hälfte der Nacht mit und dann spielten sie beide die andere Hälfte der Nacht Karten. Tarock. Skat. Siebzehnundvier. Sechsundsechzig. Poker. Back.

Als es wieder Tag wurde, schliefen sie, und in der Nacht soffen sie und spielten Karten. So ging das eine Zeit. Bald wurde aber der Alkohol immer weniger und das Kartenspielen übte auch keinen Reiz mehr aus.

Am dritten Tage, gegen Abend, sie wachten gerade auf und wollten einen kippen, da tauchte vor ihnen eine kleine Insel auf. Diese Insel war sehr klein und machte einen lieblichen Eindruck. Gegen die rauhen Winde schützten sie hohe gute Felsen und so weit man von außen her das Innere erblicken konnte, wuchs im Übermaß Obst und Gemüse.

Die beiden beschlossen auszusteigen und sich einige Äpfel zu holen. Kaum betraten sie aber die Insel, die in jeder Weise unbevölkert schien, hörten sie einen Hund bellen und dann noch einen. Und noch einen und noch einen, und dann stürmte eine ganze Meute auf sie zu – – aber sie bellten nur, kaum daß sie nämlich die beiden erblickten, wedelten sie mit dem Schwanze, küßten dem Kavalier die Hand und machten Männchen. Es waren lauter Möpse.

»Artige Tiere«, meinte der Kavalier, »komisch, daß so eine unmoderne Rasse noch lebt und in solchem Ausmaß – – na, das werden doch sicher mindestens sechshundert Stück sein.« Es waren aber noch mehr. Genau 987.

»Und gut gepflegt«, konstatierte Ludwig und dachte darüber nach, wer die Möpse so gut pflegen mag, ob sich die Möpse selber pflegen – – da entdeckte er ein sonderbares Wesen. Das war ein Mensch, und zwar ein alter Mann, der hinter einem niederen Gebüsch stand und ihn anstarrte entgeistert. Er hatte ein Gewand aus Blättern an, lange ungepflegte Haare und einen langen ungepflegten Bart – –
»Bieber«, sagte Ludwig rasch, »vierundfünfzig Punkte«. Und das ärgerte den Kavalier.

Der Bieber stand noch eine ganze Weile regungslos erstarrt da, als hätte er noch nie einen Menschen gesehen, aber plötzlich sprang er vor, schrie aus Leibeskräften und vollführte einen Freudentanz. Dabei schrie er immer, dann rannte er zu den beiden hin und umarmte sie und küßte sie. Er war ganz toll vor Freude. In einem fort schrie er: »Oh, wie bin ich froh, wieder Menschen zu sehen! Menschen!

Menschen! Rettung! Rettung! Oh, du mein Gott, seit vierzig Jahren sitz ich hier auf dieser Insel, oh, ich armer Schiffbrüchiger – – oh, ich armer einziger Überlebender! An einer Planke bin ich hier an das Land gespült worden! Vierzig Jahre hab ich gehofft und gehofft! Und jetzt ist die Rettung da! Ihr nehmt mich mit, nicht wahr! Ja, ja, ja! Ihr nehmt mich mit! Nein, das ist ja wunderbar! Wunderbar – – Oh, Du mein Gott, wie danke ich Dir für diese wunderbare Errettung nach vierzig Jahren!« Und er warf sich auf die Knie und betete, zuerst laut, dann leise. Dann wieder leise und dann wieder laut.

»Da haben wir es«, meinte der Kavalier leise, jetzt müssen wir ihn mitnehmen, da hilft uns kein Gott. Ich war innerlich eigentlich gleich dagegen, hier auszusteigen, wegen der paar Äpfel« – – und er betrachtete haßerfüllt die freundlichen Möpse, die ihm alle aufmerksam zuhörten. Aber sie verstanden nicht, was er sagte. »Das ist menschliche Ehrenpflicht aller Seefahrer, Schiffbrüchige zu retten«, fuhr der Kavalier grimmig fort, »hoffentlich sauft er uns nicht alles weg, wir haben eh nicht mehr viel.« Und er wandte sich an den betenden Bieber: »Trinken Sie gern?« Der Bieber grinste über das ganze Maul. »Natürlich«, sagte er treuherzig.

»Und was trinken Sie, wenn man fragen darf?«

»Was kommt.«

»Bier?«

»Dunkel und hell.«

»Wein?«

»Rot und weiß.«

»Schnaps?«

»Süß und herb.«

»Sekt?«

»Ist doch klar«, meinte der Bieber und gähnte gelangweilt.

»Und was noch vielleicht?« meinte der Kavalier und es lag etwas Drohendes in seiner Stimme.

Der Bieber winkte nur ab. »Bowle, Cocktail, Kobler, Glühwein, Grog, Likör, Apfelmost, Apfelwein – –«

»Genug!« sagte der Kavalier und war fest entschlossen, den Bieber scharf zu beobachten – – und knurrte etwas von unnötigen Komplikationen, die sich die Menschheit und das Leben selbst bereiten.

IV.

»Ist ihm schlecht?« fragte der Bieber besorgt, »ah, das würde mir aber leid tun, kommens, setzen wir uns etwas« – – und er führte die beiden Herren vor seine Hütte, die er sich aus Holz und Blättern und Schlingpflanzen gebaut hatte. Es war alles da, auch eine Hängematte aus Schlingpflanzen. »Meine Hunde schlafen im Freien«, sagte der Bieber, »Sie werden sich sicher wundern, wieso diese vielen, vielen Hunde hier sind, und zwar alles Möpse. Ja, das ist eine längere Geschichte, die läßt sich eigentlich nicht so von heut auf morgen erzählen. Also ich bin, wie gesagt, ein Schiffbrüchiger.

So vor zirka vierzig Jahren, wie gesagt, wollte ich auswandern – – aus meiner Heimat, wie gesagt, weil ich strebsam war und dachte, Gold zu finden jenseits der Meere, wie gesagt – – aber wie gesagt, ich fand kein Gold, sondern das Schiff, mit dem ich fuhr, ging unter, wie gesagt, und alles ertrank, wie gesagt, und ich bin der einzige Überlebende, wie gesagt – – (hier dachte der Kavalier: wenn der Bieber jetzt noch einmal »wie gesagt« sagt, dann haut er ihm eine herunter; aber der Bieber sagte nun kein einziges Mal mehr »wie gesagt«, und das ärgerte den Kavalier) – – Also fuhr der Bieber fort, »das Schiff war groß, wahrscheinlich gibt es aber noch viel größere, und ich bewohnte eine Kabine. In der Nebenkabine wohnte ein junges Ehepaar, sie war eine Amerikanerin und hatte ihn geheiratet, er war Europäer, und da ging es jede Nacht hoch her, sogar schon vormittags und nachmittags. Manchmal hat das geklungen, wie eine Sirene, hehehe.«

»Hehehe«, lachte Ludwig, denn so etwas hört man immer gerne. Aber der Kavalier lachte noch nicht, denn er ärgerte sich noch immer über das »Wie gesagt«.

»Manchmal hat es geklungen, als krachte das Bett zusammen, dann wieder – – mein Gott, was waren das alles für Geräusche, zuerst hab ich gedacht, daß da neben mir ein Alchimist fährt, der sich ein Laboratorium eingerichtet hat, und ich hab es schon dem Kapitän melden wollen, weil ich gedacht hab, da könnt was explodieren – – aber da hab ich gehört, wie sie gehaucht hat ›Ah, Heinrich! Enrico!‹ Und dieser Hauch war so stark, daß das Schiff leise gezittert hat und die Gläser im Speisesaal gewackelt haben. Und dann hauchte er ›Ah, Maud! Maud!‹ Und dieser Hauch war so stark, daß die Gläser vom Tisch gefallen sind, so hat das Schiff gezittert, und der Steuermann ist umgefallen – – man hat überhaupt nicht gewußt, wovon das Schiff so gezittert hat, aber ich habe den Mund gehalten, denn ich bin ein guter Mensch und wollte keine junge Liebe stören. Die hört eh bald genug auf, dann könnens Jahre lang auf einem Kajak fahren mit so einem Paar, und können ruhig schreiben, da rührt sich nicht einmal ein Seismograph – – – kurz und gut: Ich hab das Geräusch sehr gern, hehehe!«

»Hehehe«, lachte jetzt selbst der Kavalier und auch Ludwig lachte wieder: »Hehehe!«

»Aber der Kapitän hat sich nicht beruhigt und hat die Dampfkessel nachschauen lassen, aber es war alles in Ordnung. Und ich hab mir heimlich ein Loch in die Wand gebohrt und hab in der Nebenkabine zugesehen. Und das war auch in Ordnung. Könnt Euch vorstellen, was ich da alles gesehen habe, was für gewagte Angelegenheiten, he-hehe!«

»Hehehe«, lachte der Kavalier und auch Ludwig lachte wieder: »Hehehe!«

»Ich hab schon zirka vier Nächte lang zugesehen, da hab ich plötzlich bemerkt, daß die Frau einen verkrüppelten kleinen Zehen gehabt hat, also das hätt mich schon sehr ge-stört, und ich konnt nicht zuschauen, so empfindsam bin ich in solchen Dingen – – wenn da nicht alles klappt, dann rühr ich kein Weib an! Aber der Mann schien den Zehen nicht bemerkt zu haben, oder zu übersehen, ich verstehe sol-che Leute nicht!«

»Zur Sache!« meinte der Kavalier.

»Ja, und dann eines Tages ging das Schiff unter, weil die beiden zuviel gerammelt haben, zuerst ist das Bett entzwei, dann der untere Raum, dann der Kesselraum, dann der Kiel, es hat ein riesiges Loch gerissen, und das Wasser ist von unten emporgeschossen, und das Schiff ist untergegangen mit Mann und Maus, hehehe! Nur ich hab mich gerettet, weil ich gerade schon zum Fenster hab hinausspringen wollen, weil ich seit dem verkrüppelten Zehen das Geräusch nicht mehr hören konnte, ich bin schon ganz nervös gewe-sen und außer mir – – und das war meine Rettung! An einer Planke hielt ich mich fest und die Nacht war schwarz, da hörte ich neben mir etwas winseln. Es war ein Mops. Ich legte ihn auf die Planke, das Brett und nach zwei Tagen wur-den wir hier auf diese Insel verschlagen – – ich war gerettet, aber abgeschlossen von der Welt. Der Mops war eine Hün-din, und zwar war sie trächtig, nach vierzehn Tagen hat sie geworfen, und das ging dann immer so weiter, kreuz und quer, drunter und drüber – – die vielen Möpse sind alles Abstämmlinge einer Stammutter. Ganze Generationen sind an mir vorbeigewandert, ich war gewissermaßen ihr lieber Gott, jeder hat seinen Namen, oft haben sie miteinander gerauft, aber jetzt nehme ich jeden neugeborenen Mops sofort in Zucht, zuerst hat das natürlich nichts genutzt, wie sie groß waren sinds aufeinander los, aber jetzt – – mit der Zeit hat sich das anscheinend gelegt, wie bei den Menschen, sie haben sich zusammengerauft und jetzt sinds artig. Die letzten, die geboren worden sind, haben schon Männchen machen können und waren noch blind. Stellens Ihnen das vor, aber heutzutag ist das bei den Menschen, wenn das auch so leicht ging! So, jetzt wissen Sie alles von mir, aber was hat sich denn auf der Welt ereignet?«

»Das läßt sich nicht so einfach schildern«, sagte der Kavalier. »Auf alle Fälle hat sich sehr vieles ereignet, zum Beispiel haben wir einen Weltkrieg gehabt – –« und er erzählte von Kriegen, Erdbeben, Verwüstungen, stürzenden Thronen, monarchistischen Republiken und republikanischen Monarchien, ermordeten Ministern, Grippe und Pest und von all den Dingen, die sich auf der Welt in vierzig Jahren halt so ereignen.

Der Bieber hörte aufmerksam zu und sagte dann nur: »Ich habs mir ja gleich gedacht. Die Leut sind halt blöd und gescheiter werdens auch nicht. Aber einerlei! Kommens, nehmens mich mit! Ich möcht doch lieber wieder im Bett liegen, ein Bier trinken und so Sachen! Los! Auf!« Und er stieß einen Pfiff aus, und da kamen alle Möpse von überallher und scharten sich um ihn. »Allons!« sagte der Bieber und setzte sich mit seinen Möpsen in Bewegung, Richtung Segelschiff. »Was machen Sie denn mit den Hunden?« fragte der Kavalier, »die Hunde nehm ich mit«, sagte er. »Unmöglich! So schauns doch das Segelschiff, da haben doch höchstens wir Platz, aber die Hunde? Habens denn kein Augenmaß? Das ist doch kein Lastdampfer, sondern ein Segelschiff!«

»Also gut!« sagte der Bieber, »dann fahr ich ohne Hunde«. Er stieg ein, und das Schiff stach in die See. Und da standen sie nun alle am Ufer, alle Möpse und sahen dem Bieber nach. Und das brach dem Bieber das Herz. »Nein! Das halt ich nicht aus! Fahrts zu und glückliche Reise!« Er sprang ins Wasser und schwamm zurück, und viele Möpse schwammen ihm entgegen und holten ihn im Triumphzug ab.

Und wenn er nicht gestorben ist, dann lebt der brave Bieber noch heute, inmitten seiner Möpse.

V.

Zwei Tage später trafen sie ein seltsames großes Schiff, das stand plötzlich vor ihnen, versperrte ihren Weg. Es war seltsam anzusehen. »Mir scheint, das ist ein Segelboot«, sagte Ludwig.

»Oh nein, das ist ein Dampfboot.«

»Oh nein, das ist ein Motorboot.«

»Ich hab mich geirrt, ein Motorboot. Wenn mich nicht alles täuscht, dann hat es Schraubendampfer, aber es hat auch hinten einen Propeller.«

Sie waren in einen fürchterlichen Orkan gekommen. Zuerst achteten sie nicht weiter auf den Orkan, spielten Karten – – aber dann wurde es ihnen schwummerlich, und Ludwig meinte, ob es nicht doch vielleicht etwas Närrisches sei, da so zu fahren, aber der Kavalier lehnte entrüstet ab, und sagte, ohne Närrischkeit möcht er nicht leben, da tät er jetzt dort noch herumstehen bei den schweigsamen Matrosen. Und da gab ihm Ludwig wieder recht.

Und kaum hatte er ihm recht gegeben, ebbte der Orkan ab, die Sonne drang durch die schwarzen Wolken und die See glättete sich und da sahen sie erst, daß ein großes Schiff vor ihnen stand und ihren Weg versperrte.

Es war ein tolles Leben an Bord, und Ludwig schien, daß es ein großes Gemisch sei. Und schon löste sich ein Boot von der Seite des Schiffes und fuhr auf sie zu. Es war ein Ruderboot, Motorboot, Dampfboot, Segelboot. Manche segelten, manche ruderten, manche [*Wort fehlt*] Motor, manche heizten die Kessel und einer war da, der pfiff immer. Es fiel nur auf, daß keiner steuerte. Trotzdem erreichten sie das Segelboot und nun gings erst los: einer wollte ihm etwas berichten, aber alle redeten durcheinander in den verschiedensten Sprachen – – sie prügelten sich, endlich rammten sie das Segelboot, retteten dann die beiden aus dem Wasser, indem alle hineinsprangen, und brachten sie auf das große Schiff.

Das Schiff hatte jetzt eine Flaggengala angelegt, und zwar alle Flaggen, einschließlich der Pest- und Choleraflagge. Als sie das Schiff betraten, wurden sie feierlich empfangen. Ein würdiger Greis trat auf sie zu und sagte nur »Majestät läßt bitten!« Er ging voran und sie folgten ihm.

Sie wurden in einen pompösen Saal geführt, aus allen Stilarten ein Mischmasch. Am Ende des Saales saß der König. »Willkommen!« sagte er. »Willkommen in meinem Reiche! Wir haben euch beobachtet schon seit Euerer Abfahrt und es hat uns besonders gefallen, daß ihr, anstatt nachzuforschen, warum die Matrosen schwiegen und was die Matrosen denken, dem Landesvater einen Brief geschrieben habt – – das war eine richtige Narretei, und das ist ganz in unserem Sinne! Ihr seid mir zwei prächtige Narren! Willkommen nochmals in meinem Reiche! Im Reiche der Narren! Ich bin Rohköstler, schon wegen der Erdstrahlen, also saufen tu ich gerne!« Und er übermittelte ihm eine Plakette, da stand droben: [*mehrere Wörter unleserlich*]

Es war der Narrenkönig selber, der so sprach. Zur Zeit befand er sich auf einer Rundreise, besichtigte verschiedene befreundete Regierungen und Länder, eine offizielle Staatsvisite. Und das Schiff war natürlich ein Narrenschiff.

Und das war es auch! Die Segel wurden nur gehißt, wenn es vor Anker lag oder wenn es windstill war, die Kessel wurden geheizt, bis sie fast platzten, aber die Maschine wurde nur angestellt, wenn der Kessel leer war. Der Motor lief auch nur, wenn sie kein Benzin hatten – – – – und rudern taten sie nur prinzipiell, wenn sie vor Anker lagen.

Der Narrenkönig war an sich ein sehr vernünftiger Mann, aber er mußte den Narren spielen, weil die Dynastie erblich war. Der Dulder auf dem Throne. Er hatte sich allmählich eine Philosophie zurechtgelegt, zuerst haßte er die Narren, aber jetzt liebte er sie. Das ging aber nicht von heut auf morgen.

Wir können es uns schenken, alle weiteren Narreteien hier zu berichten. Schaut doch nur aufmerksam zum Fenster hinaus oder Euch in den Spiegel, dann wißt Ihr was da los war.

Der König liebte die Narren. Aber seine Philosophen sagten: »Es sind Narren!«

Und der König freute sich über die vielen Narrheiten.

Zwei Tage lang fuhren sie nun mit dem Narrenschiff und der Kavalier war in seinem Element. Er war beliebt, während Ludwig etwas scheu daneben stand.

Aber auch auf dem Meer begegneten ihnen neue Gäste. So trafen sie Rekordschwimmer, Bauch, Brust, Seite, Unterseeboot mit Nordpol[*Wortteil unleserlich*], Flieger ohne Motor, Wasserflugzeuge mit ganzen Narrenfamilien, Badewannen und was es alles gibt. Viele der Narren wurden nach dem Empfang vom König wieder gnädig entlassen, die bleiben wollten, konnten aber bleiben.

Der Kavalier wollte bleiben. Es gefiel ihm. Aber Ludwig [war] etwas scheu, und er dachte, daß er eigentlich ein Kellner ist und ging zu dem Steuermann, der steuerte und fragte ihn, wohin er fahre, nach dem Kompaß. »Das ist gleich«, sagte der Steuermann, »wir treffen überall Leute, die wir besuchen können.« Und Ludwig erfuhr, daß das Schiff auch keinen Kompaß hat, dafür hat es aber auch eine Bibliothek über die historische Bedeutung des Kompasses, sagte der Steuermann und zeigte ihm das Buch. Und er las daraus vor, während er steuerte – –

Am nächsten Tage liefen sie eine Stadt an, da stand das ganze Volk im Hafen, Kanonenschüsse wurden gewechselt und die Soldaten rückten aus und die Generäle, der kommandierende General hatte einen Orden vom Narrenkönig bekommen. Fein war das! Der Narrenkönig kam in Uniform und die sah aus, wie die anderen Uniformen auch. Und der General hielt eine kriegerische Rede und sagte, er und sein Land und der Narrenkönig seien auf ewig verbunden und in unzertrennlicher Freundschaft. Und dann zogen die Veteranen vorbei, und dann hielt der Zweite Vorsitzende eine Rede, denn das war der größere Narr. Und abends gingen alle Narren in eine Festvorstellung.

Aber noch in derselben Nacht zog der König wieder fort – – fort in ein anderes Land. Und wieder wiederholte sich alles, undsoweiter, es war eine reine Huldigungsfahrt. Nur diesmal war es ein Präsident der Republik, der ließ sich »Hoheit« anreden, weil er Monarchist war.

Und in einer anderen Stadt hatte er wichtige Konferenzen, über Handelsbeziehungen und Wirtschaft. Alles hörte auf sein Wort, er sprach sachlich und hatte eine enorme Fachkenntnis.

[*In der folgenden Passage wandelt sich der Text zu einem nicht ausgearbeiteten Konzept.*]

Universitätsbesuch. Die Arbeiter waren nicht dabei, auch wenn sie talentiert waren – – war das eine Narretei!

Schule.

Dombesuch. Predigt.

Grundstein zu einem Siegesdenkmal.

Autarkie Inseln. Die sperrten sich alle ab, die einen hatten nur Butter, auch am Kopf, die anderen die Öfen, die dritten die Kohlen. Und den Narrenkönig freute das alles sehr. Und weiter gings in neue Reiche.

Fabriksbesuch. (laufendes Band)

Liebe. (Hochzeit der Prinzessin: und die Bauernhochzeit und die Kleinbürgerhochzeit)

Stammtisch – – Narren.

Die Pazifisten.

König: »Das sind gefährliche Narren, denn nur ihr Tun ist närrisch, aber sie haben in der Sache recht.« Und er sah die Friedensfreunde an und sagte nur: »Va! Inbicille! Crétin!« Er sprach plötzlich französisch.

Die Geburt eines Narren (einer Närrin: Soubrette)

Der Narrenkönig: (stiftet das Geld)

VI.

Der Kavalier hatte sich schon ganz eingewöhnt. Er war in der Sammelzentrale des Königs beschäftigt – – Er sammelte Briefmarken, züchtete Goldfische und wollte Kinderspielzeuge erfinden, das war seine höchste Sehnsucht.

Und so kamen sie eines Tages auch auf eine Insel und das war eine wunderschöne Insel. Hier schien die Sonne. Hier wurde in gesunder Luft nur Sport getrieben. Es war ein toller Betrieb. Leichtathletik, Fußball, Faustball, Boxen, Ringen, Radrennen – – und einmal im Jahre stieg die Stafette, immerwährend ging eine Stafette durch das ganze Reich. Einer gab dem anderen den Stab, ohne Gegner, nur auf Verbesserung der Zeit. Jeder lief, und das Ziel war dort, wo der Start war. Aber keiner durfte aussetzen und alle waren glücklich und friedlich. – –

Der König wurde mit großem Feiern empfangen, und die, die gerade nicht Stafette liefen, veranstalteten ein großes

Schauturnen. Und wie Schlamperl das sah, und wie das alles in Weiß war und vor Gesundheit strotzte, und Kollektiv, da hatte er plötzlich das Schiff dick – – er wollte [an] Land bleiben! Wollte sich einreihen, fort von den Narren, man muß irgendwo hingehören – – wie schön war hier alles, und wie nett die Mädchen! Besonders beim Turnen und bei ihren Tänzen.

Der König stiftete einen Pokal und den bekam derjenige, der so lange lief, bis er ohnmächtig zusammenbrach. Wenn dann der nächste ohnmächtig zusammenbrach, bekam ihn der. Es war ein Wanderpokal. Bei den großen Feierlichkeiten schlich Schlamperl mal fort und traf etwas abseits ein Mädchen, das still und ernst für sich trainierte. Sie verrenkte sich ganz, und das war lieblich anzuschauen.

Plötzlich bemerkte ihn das Mädchen und lächelte freundlich. »Schau«, sagte sie, »was ich kann. Das hab ich heut gelernt – – und der Tag ist mir wieder ausgefüllt. Man muß innerlich wachsen, an seinem inneren Menschen arbeiten. Endlich kann ich mich jetzt so nach hinten beugen, daß ich Dich mit dem Kopf zwischen meinen Beinen anschauen kann, sehen kann.« Und sie tat es. »Also das ist wunderbar«, sagte Schlamperl.

»Oh, das ist noch lange nichts«, sagte das Mädchen und war ehrgeizig. »Da gibt es noch ganz andere Sachen.« Und machte ihm noch Sachen vor, und Schlamperl wurde immer trauriger. »Und ich kann gar nichts«, sagte er, dachte er, »ich bin ein Narr, der zu nichts nutze ist, ausgeschaltet undsoweiter – – was bleibt mir noch zu tun übrig«.

»Was kannst denn du?« fragte ihn das Mädchen, »Boxen? Ringen? Stabhoch?«

»Ich kann nichts, höchstens schwimmen«, meinte Schlamperl, »ich bin ein Nichts, ich bin da mit dem König gekommen, wie gerne möchte ich das können, was du kannst, wirklich, ich bin sehr traurig«.

»Dann fang halt an!«

»Nein, ich bin, glaub ich, schon zu alt dazu«, sagte er, und das sagen alle jungen Leute, die plötzlich merken, daß sie Zeit verloren haben.

»Komm«, sagte das Mädchen, »wir werden sehen, ob du zu alt bist, spring mal über mich, ich knie mich hin«, und er sprang über sie.

»Gut«, sagte sie, »das ist die leichteste Übung« und dann drückte sie ihm das Genick zurück, »will mal sehen, ob du gelenkig bist« und das tat ihm weh, aber er gab keinen Ton von sich, biß sich auf die Lippen, denn er wollte sich nicht blamieren und ihre Hand, wie sie ihn so anfaßte, tat ihm wohl.

»Oh, du bist aber sehr talentiert«, sagte sie, »wenn du noch keine Übung gemacht hast, na das werden wir schon kriegen.«

»Wirklich?« fragte er und sah ihr tief in die Augen.

»Ja«, sagte sie und gab ihm einen Kuß. »Du gefällst mir«, sagte sie, und das war die Liebe auf den ersten Blick.

Am Abend, bevor der König das Schiff betrat, trat Schlamperl vor ihn hin und sagte: »König! Ich habe mich genau geprüft, ich bin kein Narr!«

»Wie das?« fragte der König. »Bist du nicht in einem Segelboot über das Meer, hast du nicht deinem Landesvater geschrieben?«

»Ich bin mit dem Boot, weil ich kein Kellner werden wollte, das war eher Verzweiflung wie Narrheit – – und dem Landesvater hab ich geschrieben, aber das war, mir scheint nur aus Ironie, aber dafür hat man kein Verständnis.«

»Richtig! Ich auch nicht! Man muß ein Herz haben! Ich hasse die Ironie! Ich halte dich nicht! Keinen Menschen! Geh nur zu! Und denke aber freundlich an mich zurück und das alles hier, schimpf nicht darauf! Du wirst dich vielleicht mal zurücksehnen, aber ob ich dann gerade in der Nähe bin? Und die anderen werden dich vielleicht nicht verstehen – – einerlei, Geh zu, Habe die Ehre, Servus, Mein Kompliment, Guten Morgen, Guten Tag, Guten Abend, Grüß Gott, Lebe wohl, Küß die Hand, Gelobt sei Jesus Christus, Adieu, Gehorsamster Diener!«

Das war die große Narren-Begrüßung und das pflegte der König nur beim Abschied zu sagen.

Und Schlamperl sah dem Schiff nach, aber nur kurze Zeit, dann zog er sich um und bekam die erste Anweisung im Stafettenlauf. Jetzt hätt ich aber fast vergessen, kurz nur folgendes zu berichten: Natürlich drehte es sich bei diesen Sporttreibenden nur um eine Oberschicht, die Unterschicht, das waren Sklaven – – nicht nur aktive, sondern auch passive Mitglieder, und das waren diejenigen, die Geld hatten. Das waren die fördernden Mitglieder, denen die Arena, die Stäbe, die Zielbänder und Stoppuhren gehörten. Diese Mitglieder betätigten sich nicht am Sport. Aber sie waren doch die Ersten.

Es dauerte nicht lange, da war Schlamperl der gute Stafettenläufer, zuverlässig und trainiert – – und es dauerte nicht lange, da verlobte er sich mit dem Mädel. Sie hieß Lottchen und war die Tochter eines Funktionärs, der sich mal etwas zugezogen hat beim Sport, einen Beinbruch, jetzt hatte er eine Prothese. Er war sehr streng und sagte immer: »Ich hab mir eine Prothese zugezogen, mein Bein geopfert, nehmt Euch ein Beispiel an mir.«

Er hatte nichts gegen die Verlobung, nur wünschte er, daß Schlamperl höher als 3 Meter 60 stabhochspringt. Er brachte es nur [zu] 3 Meter 40. Zu seiner Tochter sagte er: »Bedenke, du kannst doch keinen Mann nehmen, der so niedrig springt! Dein Großvater sprang vier Meter, ich selbst fünf und dein Urgroßvater 18 Meter – – und der Begründer unseres Geschlechtes 19 Meter.« Der Begründer war nämlich ein Aff und der konnte es sich leisten.

Lottchen sah dies auch ein. »Obwohl ich dich sehr liebe«, sagte sie zu Schlamperl, »Du, ich kann dich nicht heiraten, wenn du nicht so hoch springst, wir stammen von einem ab, der sprang 18 Meter aus dem Stand.«

»Das wird halt ein Bock gewesen sein«, sagte Schlamperl und war verärgert. »Wie lang soll ich denn noch warten?«

»Ich kann mich dir nicht geben, ohne vier Meter«, sagte sie.

Schlamperl fing sich nun an zu langweilen über die ganze Moral. Man kann es auch niemand zumuten, so Stafette zu laufen, ohne Erotik. Das ist klar und muß nicht weiter begründet werden. Es ist ferner klar, daß Schlamperl abschüssige Gedanken bekam. Er verwünschte den ganzen Stafettensport, aber er konnte nicht raus – – das ganze hätte aufgehört, wenn einer rausspringt, und er hatte Verantwortungsgefühl, das wurde ihm ja zur Genüge eingebläut.

Am nächsten Tage träumte er nun etwas ganz Wildes. Und dann stand er tags darauf im Walde und wartete auf den Stafettenstab. Es war ein Frühlingstag, alle Käfer und Vögel liebten, es ging drunter und drüber, Summen und Brummen – – endlich kam die Ablösung, vorschriftsmäßig übernahm er den Stab, aber seine Gedanken waren schon angefault und angestachelt, er achtete nicht mehr auf den Weg und plötzlich hatte er sich verirrt – – er bemerkte es aber erst, als er statt seinen Vordermann, dem er den Stafettenstab übergeben sollte, plötzlich eine wildfremde Frau traf, und die sagte zu ihm: »Gib mir deinen Stab!« Aber er lief weiter und suchte seinen Vordermann, aber wieder traf er eine Frau, und die war brünett, und die sagte: »Gib mir deinen Stab!« Und er lief weiter und da stand eine Dritte, und die war brünett, und die sagte auch: »Gib mir deinen Stab!« Und da konnte er nicht mehr weiter laufen, und er hatte kaum mehr Luft. »So laß doch den blöden Stab« – –

und er ließ den Stab fallen, der war aus Holz und gehörte der Allgemeinheit, ein künstlicher Stab »Was brauchst du so einen Stab aus Holz?« lächelte sie. Und er ließ ihn fallen und da sah er, daß diese Dritte dem Lottchen riesig ähnlich sah, als wäre sie ihr Spiegelbild. Was nämlich bei Lottchen links war, war hier rechts, und umgekehrt. Aber das schadet nichts.

Und die schaute ihn an und sagte: »Schau mich doch nicht so an«, und dann sagte sie: »Nein, was tust Du denn mit mir«, und dabei umarmte sie ihn. Und dann ergriff sie ihn selbst und seufzte »Tu die Hand weg bitte«. Und dann küßte sie ihn so und sagte »Du sollst mich nicht so küssen«. Und dann sagte sie: »Nein, was hast du jetzt mit mir gemacht« – – und da war es halt geschehen und alles übrige entwickelte sich automatisch.

Kaum sah er sich um, war sie fort – – fort mit seinem Stab. Und er wollte den Stab zurück haben und wollte sie und hatte Sehnsucht nach ihr und suchte sie überall und fand sie nirgends. Er lief durch den Wald, es wurde Abend und die Nacht kam, die Tiere waren alle erregt, Nachtfalter – – Angst. Da stand er vor einem Berg, und der Berg öffnete sich, war offen, und er trat ein. Aber der erste Eindruck war: finster.

[*die folgende Textpassage später gestrichen*]

Und er versuchte sich das Bild zu rekonstruieren, und da bemerkte er, daß das doch in keiner Weise das Lottchen war, sondern ein ganz anderes Gesicht. Ein Gesicht, fein und zart und verlogen und voll hemmungsloser Ordinärheit. Und Zerstörung und Aufbau.

Endlich leuchtete vor ihm ein Licht auf, ein Wirtshaus, und er trat ein. Es war zuerst eine schlechte ungelüftete Luft, aber es war warm und es waren Leute drinnen. Er trank mit. Betrank sich. Vergaß, und er kümmerte sich nur um die Leute, wenn sie ihn im Trinken störten.

Und der Wirt war freundlich und brachte immer neuen Wein und Bier. Aber dann ging es an das Zahlen und das war eine faule Angelegenheit. Woher sollte er das Geld haben?

Er sah sich um: In der Ecke spielten Leute Karten. Er spielte mit, und bemerkte, daß man falsch spielen kann – – wie leicht kann man das Glück korrigieren! Und er soff weiter! Aber jetzt nur mehr Wein! Schweren Burgunder und alten Frankenwein, Steinwein! Aber bald hatten seine Partner nichts mehr, wollten nicht mehr spielen, aber zur Zeche langte es nicht, und da hat er sie bestohlen. Und jetzt gabs nur Sekt! Und Bowlen aus den besten Gläsern und die Gläser zerbrach er!

Und je mehr er soff und je feineres, so verwandelte sich auch der Raum; war es zuerst eine Wirtsstube, so war es jetzt ein prächtiger Saal mit schönen Damen – – und da erwachte in ihm wieder die Sehnsucht und er wurde sehr traurig und wollte sterben.

Und er entschloß sich, vor lauter Liebe zu sterben. Er war sich nicht klar darüber, auf welche Art. Endlich sagte er sich, er werde sich erhängen. Er knüpfte einen Knoten und legte sich ihn um den Hals.

[*Ende der gestrichenen Passage*]

Aber da erschien ihm die Frau, nach der er sich sehnte – – und sie kam auf ihn zu, und es schien ihm, als sei das die Göttin der Liebe selbst. »Ich bin der Tod«, sagte sie und wollte ihn umarmen und küssen, aber da stieß er sie von sich – – und da war er draußen. Und das war eine arge Sache. Wer nämlich da heraußen ist, dem geht es schlecht. War zuerst noch Sommer, so war es jetzt Winter, war er zuerst in

69

Gesellschaft, so war er [jetzt] allein. So grenzenlos allein. Und es gab keinen Weg zurück in das Land der Stafettenläufer.

Es wehte ein kalter Wind, als er den Venusberg verließ. Eis und Sturm und die Wege waren tief verschneit und die Nacht rabenschwarz, so daß man über jede Wurzel stolperte. Eine grenzenlose Leere war in ihm, und seine Seele knurrte, als wäre sie sein Magen. Etwas hatte er verloren, etwas war fort aus ihm, der Glaube an die Allmacht der Liebe. Leere in ihm, aber trotzdem ein nicht unangenehmes Gefühl, nur sonderbar zerrissen. Er fühlte es, wie er, seine Persönlichkeit auseinanderstrebt. Er ging nach verschiedenen Seiten, und blieb immer er, an jedem Kreuzweg teilte er sich, ging ein Schlamperl von ihm fort, meist ohne Adieu zu sagen, oft hat er sogar nur geschimpft.

Als der Morgen graute, sah er vor sich Männer, die fällten Bäume. »Wir fällen hier die Bäume«, sagten sie, »um eine Straße zu bauen und das Holz bringen wir dann im Frühjahr in die Stadt und verkaufen es. Wir arbeiten«, sagten sie, »und wenn Du willst, kannst Du mitarbeiten, Du siehst aber sehr schwach und herabgekommen aus.«

Er arbeitete mit. Anfangs konnte er die Axt kaum heben und wurde sehr bald müde – – aber dann kamen wieder all die Schlamperls und die arbeiteten mit, begeistert, und bald schaffte er mehr wie die anderen. Alle Schlamperls waren wieder da, ja sogar fremde, die er bisher noch gar nicht kannte.

Und im Frühjahr ging er hinab in die Stadt. Da verkaufte er das Holz in einer Wirtschaft. Die Wirtstochter war schön und reinlich gewaschen und duftete, aber ganz anders wie seine bisherigen. Sie kaufte ihm das Holz ab, denn sie hatte einen großen Herd und ein gutes Geschäft mit vielen Gästen, weil sie gut kochen konnte. Aber sie hatte schwarze Kleider an, denn ihr Vater war erst vor kurzem gestorben.

Er hatte sich hinter der Ofenbank den Winter über zu Tode gesoffen.

Als Schlamperl den sauberen Raum sah, sagte er: »Eigentlich bin ich Kellner«, und es entfuhr ihm das unwillkürlich. Er bekam plötzlich Sehnsucht, wie seinerzeit in seiner Knabenzeit. Das wäre das Glück, dachte er, das zu arbeiten, was einem Freude macht! Und er hatte noch [das] Kellnerdiplom und zeigte es ihr. Und sie sagte: »Das trifft sich gut, denn ich hatte einen Trauerfall in der Familie, und der Tod hat eine Bresche geschlagen, und jetzt fehlt mir eine Kraft«, und er wurde Kellner, sie engagierte ihn, denn er gefiel ihr.

Und bald vertauschte sie die Trauerkleider mit dem Brautkleid, er den Kellnerfrack, das heißt, bald stand er mit seinem Kellnerfrack vor dem Altar und dem Standesbeamten. Weder er noch sie lebten nach den Gesetzen der Religion, aber es schadet nichts, vor den Herrgott hinzutreten und zu sagen: »Lieber Gott, wir beide haben uns lieb. Ich bin verliebt.« Er wurde ein braver Bürger und das Glück der Zufriedenheit strahlte zum Fenster hinein. Er beugte sich vor der Autorität, denn es ging ihm gut, und die Autorität kam jeden Tag zu ihm zu Gast. Sie nickte ihm freundlich und herablassend zu, klopfte ihm auf die Schulter und gab ihm gute Ratschläge.

Und seine Frau liebte er. Er liebte sie bürgerlich, aber richtig. Bald kam der Storch. Und sie gebar ihm einen Sohn, den nannte er Ludwig. Und er ließ ihn taufen, und ging mit seiner Frau auf das Grab ihrer Eltern. Die Autorität war Taufpate. Und er war in verschiedenen Vereinen maßgebend und mitbestimmend. Der alte »junge« Schlamperl war tot, die Wunden vernarbt – – bei jeder Station, Kellner, Hochzeit, Geburt, Kind, Taufe, erster Vorsitzender usw. starb etwas vom alten Schlamperl und der neue war da. Er hatte sich gehäutet. Es war eine brave Haut, etwas monoton, aber glücklich.

Aber die »jungen« Schlamperls waren noch nicht tot. Sie saßen nur in der Ecke und waren schlechter Stimmung, aber nicht hoffnungslos. Und sahen zu, wie sich die neuen Schlamperl breitmachten.

Manchmal wagte sich einer nach vorne – – das war: Wenn ein richtiger Saufbold kam oder ein loses Mädchen, aber husch! Schon hatte er von dem guten Schlamperl einen Stoß erhalten, so daß er in seine Ecke flog. So sehr beherrschten ihn die guten. Es war nicht zu beschreiben.

Trotzdem gaben die bösen Schlamperls das Rennen nicht auf. Und vielleicht hätten sie doch mal wieder die Oberhand erringen können, aber da geschah etwas, was ganz außerhalb ihrer Einflußsphäre lag, und dazu muß ich jetzt erst noch eine Randbemerkung machen.

In der Stadt, in der Schlamperl servierte, saß ein König, und daher war die Stadt natürlich Haupt- und Residenzstadt. Der König war sehr für die Musen eingenommen, hatte eine herrliche Oper, zahlte aus seiner Privatschatulle drauf und war überhaupt ein gemütlicher Mensch. Alles, was er Ungemütliches hätte machen sollen, überließ er seinen Ministern, so gemütlich war er.

Diese Minister waren rechtschaffene Leute, klug und intelligent, aber leider fehlte ihnen etwas: Es waren eigentlich hemmungslose Egoisten, aber sie wußten es nicht, Schurken und Verbrecher, und sie wußten es nicht, deshalb kann man ihnen schwer einen Vorwurf machen – – es wäre allerdings besser gewesen, wenn sie keine Dummköpfe gewesen wären, wenn sie es gewußt hätten. Sie hätten zwar trotzdem ihre Schurkereien weiter vollführt, aber wenigstens hätten sie nicht soviel Dummheiten gemacht.

Nun konnte man schon seit einiger Zeit, seit Jahren und besonders im letzten Jahr in den Zeitungen immer wieder und wieder Nachrichten lesen, über die Wilden – – das waren richtige Wilde, Menschenfresser, die wohnten jenseits

72

der Grenze, hinter den Bergen, und es war schauerlich, was man da von den Wilden las an Greueln! Blutschande und so stand auf der Tagesordnung! Man entrüstete sich überall, im Bett, an den Stammtischen, in den Fabriken, und die Bauern haben sich bekreuzigt, wenn man von den Wilden sprach.

In grauer Vorzeit sollen die Wilden mal eingebrochen sein, und alles verwüstet [haben] aber es gab darüber nur mündliche Überlieferungen. Früher hat mal ein Professor es herausbekommen, daß damals der König das Land verwüstet hat, weil er verrückt gewesen ist, aber der ist gleich verbrannt worden – – auf alle Fälle: Man wußte nichts Konkretes über die Wilden, es waren alles nur Sagen und Legenden.

Manchmal kam zwar einer und der sagte: »Die Wilden sind gar nicht so. Es sind anständige Menschen. Allerdings tragen sie Federn am Hintern.« Aber das war Landesverrat. Und wieder einzelne Verwegene sagten: »Die Wilden haben einen wunderbaren Schmuck! Und die Minister möchten nur den Schmuck!« Aber die wurden von den Leuten mit Verachtung bestraft und erschlagen, weil jeder der Leute heimlich hoffte, so einen Schmuck bei einem Krieg mal selber zu erhalten.

Auch Schlamperl las die Sachen über die Wilden und glaubte sie. Besonders seine Frau entrüstete sich und malte sich aus, wie das wär, wenn ein Wilder sie vergewaltigen würde, und dann sagte sie: »Ich denke an unser Kind. Ich habe Angst um unser Kind.« Und er sagte: »Die Wilden kommen nicht, solang ich da bin«, gab ihr einen Kuß und bestieg sie. Und dabei kamen ihr wieder so Gedanken an die Wilden.

Und eines Tages klebten Plakate an den Wänden: »Krieg! Die Wilden wollen uns unseren Gott nehmen und das lassen wir uns nicht bieten! Krieg!« Und die Minister hielten Reden, aus jedem Fenster eine, und sagten, der Krieg erhebe, und der Kriegsminister sagte: »Sagen Sie dem lieben Gott: Wir werden ihn beschützen!« Und der König zeigte sich auf seinem Balkon und alles schrie »Hurrah!« und geriet in einen Taumel der Begeisterung.

Und alles wurde Soldat. Auch Schlamperl. Aber zuerst mußten sie die Sachen noch vorbereiten und die Waffen wurden geschmiedet. Die Waffenfabriken zögerten noch etwas, denn sie lieferten auch den Wilden die Waffen. Sie konnten also nicht verlieren. Gewannen die Wilden, wars recht, gewannen die Eigenen, wars auch recht, noch rechter, denn sie bekamen dann noch den Schmuck. Der Schmuck war natürlich Staatseigentum und kam allen zugute. Aus dem Schmuck wurden wieder Kanonen.

Nur der Unterrichtsminister wußte, daß es gegen die Wilden um den Schmuck ging, der Kriegsminister glaubte selber an den gefährdeten lieben Gott, so blöd war er.

Und die Offiziere freuten sich, und die Unteroffiziere auch. Sie wurden alle befördert. Und die leeren Stellen durch besonders taugliche Leute [besetzt], die übrigen mußten exerzieren. Jeder tat das aber gerne, nur einzelne nicht, aber das waren eben faule Querköpfe, und die wurden eingesperrt. Und die anderen sahen voll Entrüstung auf sie, aber nur anfangs, dann bemitleideten sie sie und dann sagten sie, die haben eigentlich recht. Aber sie dachten es nur und trauten es sich noch nicht zu sagen. Sie dachten es sich, als sie in die Berge zogen.

Eines Abends stand Schlamperl als Soldat Posten vor dem Hause des Königs. Und da hörte er auf dem Balkon, hinter dem ein Kronrat tagte, wie der Kriegsminister herauskam und zum Waffenfabrikanten sagte: »Sie liefern ja auch den Wilden Waffen, Sie Schuft gemeiner, und wenn Sie mich bei dem Geschäft nicht mitnehmen, dann sag ichs dem König, der ist ein Tepp und glaubt eh alles!«

Zuerst dachte Schlamperl, er hätte sich verhört, aber dann sagte es der Unterrichtsminister noch einmal, und nun wußte er es. Und es tauchten Jugenderinnerungen auf, sein Vater, den er nicht erinnerte, und er sagte, das ist ja furchtbar. Und verließ seinen Posten und ging nachhaus.

Seine Frau lag schon im Bette und schlief. Sie wachte auf und sah ihn überrascht an: »Wo kommst du her?«

»Ich tu nicht mit, grad hab ichs gehört, und die Wilden essen Menschen, aber was geht das uns an«.

»Und der Schmuck, den Du mir mitbringen wolltest?«

»Wir können auch ohne dem leben.«

»Und unseren Gott wollen sie uns nehmen!«

»Du irrst.«

»Ich irre nicht. Und denk an unser Kind!«

Schlamperl trat ans Bett und betrachtete sein Kind. Das lag da und schlief. Er streichelte es und dann sagte er wieder »Ich bleibe. Ich geh nicht mit.«

Aber da kamen Soldaten, man hatte es bemerkt, daß er nicht Posten stand, bei der Ablösung – – und verhafteten ihn. Sie sperrten ihn ein, zuerst schlugen sie ihn, dann stellten sie ihn vors Kriegsgericht. Und verurteilten ihn zum Tode. Und seine Frau ließ sich scheiden, denn sie wollte mit einem Feigling nichts zu tun haben. Und das Kind wurde ihr zugesprochen. Aber der König wollte das Todesurteil nicht unterschreiben, denn er war ein belletristischer Mensch, und verwandelte die Todesstrafe in lebenslängliches Zuchthaus, dunkel und Brot und Wasser.

Und die Frau heiratete einen Unteroffizier und der adoptierte Schlamperls Kind. Aber das Kind starb an Unterernährung. Und der Unteroffizier dachte, es ist besser, daß es hin ist, was kann von so einem Schlamperl schon werden? Und er machte der Frau ein neues Kind.

Und während er im Dunkeln saß, schien draußen die Sonne. Sie schien auf Schlachtfelder, und auf den Sieg der

Wilden – – und da gab es Revolution. [Man hat] die Minister verjagt und den König, aber man erschoß nur einzelne kleine Beamte. Der Kriegsminister floh mit General und Pack.

Kurz, es war Revolution – – aber eigentlich sah das nur so aus, eigentlich war das ja nur ein Zusammenbruch der herrschenden Gewalten, denn die Wilden hatten gewonnen. Sie hatten viele gefangengenommen und aufgefressen.

Sieben Jahre hat der Krieg gedauert. Und im ersten Jahre war die Begeisterung noch riesengroß.

Im zweiten schon weniger. Und da waren schon viele da, die hatten keine Beine. Und es waren auch viele da, die haben den Wilden die Beine abgeschnitten.

Und im dritten Jahr, da sagten alle Herrschenden und Wohlgesinnten: Es ist ein heiliger Krieg.

Und im vierten Jahre haben sie gesiegt, und im fünften Jahre stellte es sich heraus, daß sie nicht gesiegt haben.

Im sechsten nichts zum Fressen und im siebenten, da war es aus.

Da gab es Generäle, die wollten akkurat am Namenstage der Königin eine Festung erobern, aber die Wilden dachten anders, und es ging kaputt. Ordensjäger. Paralytiker als Generäle.

Und die es ernst meinten, die sind gefallen, unter den Militärs, und nun blieb das Pack zurück. Ein feiges Pack, das davon lief.

Und unter den Soldaten, da war einer, man kannte seinen Namen nicht, der sagte plötzlich gegen den Krieg, er wurde Kriegsminister und sagte: »Ich möchte keine Soldaten mehr sehen!« Ewiger Friede!

Und da war einer, der sagte: »Ja. Aber zuerst müssen die Minister daran glauben und alle, die den Krieg machten.«

Nun hat aber der Krieg lange gedauert, und der Munitionsfabrikant war schon im dritten Jahr gestorben, und sein Sohn sagte: »Meine Herren! Ich kann nichts dafür.«

Und sie appellierten an die Menschlichkeit. Aber anfangs nützte das nicht viel. Und einer sagte: »Wenn wir die leben lassen, haben wir bald wieder einen Krieg.«

Nun war Schlamperl sieben Jahre gesessen und wurde von der Revolution befreit. In den sieben Jahren war es dunkel und es wurde ihm vieles klar. So zum Beispiel, daß man sich rächen muß, helfen muß, daß man sich um alle kümmern muß als Minister.

Und dann aber: »Ihr habt mich sieben Jahre sitzen lassen, wo wart ihr?« Und sie konnten ihm nichts darauf erwidern.

Und jetzt zog Schlamperl an der Spitze der Revolutionäre in das Schloß – – und da wurden die Minister und der König so klein, daß sie sie zuerst gar nicht fanden. Endlich stieß einer einen Stuhl um und rief: »Da sind sie ja alle! Da stecken sie ja! Soll ich euch zertreten?« Aber die winselten nur erbärmlich, fielen in die Knie und schworen bei Stein und Bein, daß sie von nun ab selbst Revolutionäre sein wollten! »Seht, wie klein wir sind, was können wir euch denn schon gefährlich werden? Ein Tritt von euch und wir sind hin!«

Aber Schlamperl sagte: »Schlagt sie tot!« Aber die anderen sagten, sie seien wirklich zu klein, und das besonders neben ihnen, und es wäre unter ihrer Würde – – und sagten Schlamperl das, aber der sagte: »Das ist mir gleich! Weg müssen sie!«

Aber sie hielten Schlamperl zurück, und da trat ein kleiner Mann hervor und sagte: »Wenn Ihr sie nicht zertretet, dann werden sie wieder groß!« Aber er wurde ausgelacht, und als er sagte, sie seien Idioten, wurde er verprügelt. Er war nicht viel größer wie der Unterrichtsminister und der ganze Hofstaat, aber sie verprügelten ihn doch. Und als sie genauer hinsahen, war er tot.

Aber Schlamperl sagte: »Ich bin sieben Jahre gesessen« – – und sie brauchten ihn, denn er war beliebt und berühmt. Und sie sagten ihm, sei unser Minister. Und als Schlamperl sich unschlüssig umsah, wußte er nicht, was er darauf erwidern sollte, und da sah er, daß ihm der Kriegsminister zublinzelt. Er wollte schon fragen, was er wolle, aber der Kriegsminister legte den Finger auf die Lippen, es sei ein großes Geheimnis. Und da packte ihn Schlamperl und steckte ihn rasch in seine Tasche, damit die anderen nicht sehen, daß er mit dem Kriegsminister redet.

Der Mittelstand. Roman
[Notizen]

[1]

Wer uns das Licht nimmt, ist ein Verbrecher, begeht ein Verbrechen – daß es ein Aufwärts gibt, das ist keine Illusion, und könnten wir es heute auch noch nicht feststellen – – die Menschen wollen aufwärts, und es ist der Beweis dafür, daß es ein »Aufwärts« und »Vorwärts« gibt. Die Sehnsucht ist da, und das ist der Beweis. Wer den Fortschritt leugnet, ist ein Verbrecher oder ein widerwärtiger Spießbürger oder ein Kranker.

Jetzt hörte er, das Rad der Geschichte sich drehen. Die Entwicklung geht über Klassen und Einzelne vorwärts. Aus dem auf den einen Gestellten im Mittelstand, kommt der Kollektivgeist durch die Technik.

Die Fabrik: Die 20 Leute, die kollektiv arbeiten – dadurch Stärkung des Kollektivbewußtseins.

Die Leute, die den Fortschritt der Welt leugnen, das sind die, die es nicht haben wollen, daß eine Zeit noch nicht nach dem Profit produziere. Das sind die Pessimisten. Die bürgerlichen Pessimisten.

[2]

1.) Die Geschichte der Familie Qu.

Es gibt wohl keine Klasse, die derart auf der Idee der Familie gründet, wie der Mittelstand. Der Mittelstand ist der treueste Hort der Familie, der christlichen sowohl als auch jüdischen.

Der Mittelstandsgott, das ist ein alter Herr mit einer ehr-
furchtheischenden Miene. Er versteckt seine Pantoffeln
unter seiner Toga. Er sieht einem guten, aber strengen
Großvater ähnlich. Er ist der Schutzgott der kleinen Be-
triebe. – Auch er ist ein scheinbar antikapitalistischer
Gott.

[...]

(Phönix aus der Inflation = der neue Mittelstand, das sind:
die Angestellten; aber hier hat sich schon etwas wichtiges
verschoben, nämlich der »Eigene Herr«-Standpunkt exi-
stiert nicht mehr – der auch nur vorher schon immer illuso-
rischer geworden ist.)

[...]

Und durch die stärkste Gewalt: die Errungenschaften der
Technik. Durch die Errungenschaften aber, in Anpassung
(Mimikry) lebt der Mittelstand noch weiter in den »Angestellten«. – Wird er sich zu einem neuen Typ konsolidieren,
oder wird er aufgehen im Proletariat und in der Leibgarde
der Bourgeoisie? Das ist die Frage des Mittelstandes.

Der Mittelstand. Roman
[Textfragment]

Der Mittelstand ist eine Klasse, eine eigene zwischen zwei anderen, heute. Seine Grenzen verwischen sich, aber es ist doch eine Klasse, kein Übergang, eine Klasse mit eigener Ideologie.

Mit einer Ideologie, die nur scheinbar schwer ramponiert worden ist. (Ibsen)
Die Durchgangsstation für wenige einzelne aus dem Proletariat ins Kapital.

Der Mittelstand ist fast gleich mit der Familienkultur. Er hat sich von der Horde losgelöst, aber er ist noch nicht fähig zur wirklichen Gemeinschaftsidee.

Wir erleben eine Renaissance des Mittelstandes. Mächtig ist er im Vordringen im alten Europa – er trägt aber natürlich die Keime des Zerfalls in sich.

Die Entstehung der Familie liegt unter dem grauen Himmel der Prähistorie.

1.) Die Entstehung der Familie Qu.

Man streitet sich darüber, ob der Mensch ein Produkt seiner Umgebung ist, ob die Menschen materialistisch bedingt oder idealistisch bedingt sind. Die Wahrheit werden wohl meist die Unzufriedenen ertragen und suchen, die Zufriedenen nicht. Die sich in ihrer Zufriedenheit bedroht fühlenden, die unsicher gewordenen, werden eher dazu neigen, phantastische Theorien aufzustellen. So werden sie behaupten, sie hätten einen Odem Gottes in sich, usw. So behauptete Ferdinand Qu., daß es einen göttlichen Odem gibt, während Karl Qu. dies leugnete. Er las Nietzsche. – Tatsache bleibt, daß Ferdinand Qu. ein Gemüsegeschäft hatte.

Die Familie Qu., deren Genealogie hier beschrieben werden soll, kann nur bis in das vierte Glied verfolgt werden – bis dahin, wo sie als dritter Stand auftaucht. Der Urgroßvater kam aus Mitteldeutschland, mehr weiß man nicht. Aus Hannover, aber niemand der Familie kennt Hannover.

Als Urgroßvater Qu. durch Europa zog, gab es noch keine Eisenbahnen.

Es scheint ein bestimmtes Gesetz zu geben, daß die Energie der Enkel = der Energie der Großeltern, also immer eine Generation überspringt.

Durch Fleiß, Sparsamkeit und Stetigkeit empor mit der Familie Qu.! Die Schattenseiten: die Ausbeutung!!

Seine Nachkommen: für die ist die Ausbeutung eine Gewohnheit. Wer diese Zusammenhänge klarlegte, die neuen Ideen flößten ihnen einen Schrecken ein, genau wie seinerzeit die christlichen Ideen den römischen Soldaten, das sich in Lachen und Spott offenbarte.

Wohl gab es einige Idealisten, aber ihr Sozialismus blieb in ihrer Jugend beschränkt und war Theorie. Ein theoretischer Idealismus.

Verrat am Vaterland
oder: Haß
Romanexposé

Michael, 25 Jahre alt, Journalist, der älteste und stärkste der drei Brüder Babuschke, verließ fünfzehnjährig die Mutter, die Witwe eines kleinen Beamten, die mit Affenliebe für sein leibliches Wohlergehen sorgte, dagegen seinen unreifen Idealen, Kraftmeiereien und dem Triebe nach romantischen Abenteuern feindlich begegnete. Begeisterungsfähig für alles Gewaltige wollte er heute Prophet, morgen Pferdedieb werden. Leidenschaftliche Liebe verband ihn mit seinem Vaterlande, unter dem er sich allerdings nur einen historischen Begriff realisierte, keinen lebendigen. Denn die Liebe zu seinem Volke, zum lebenden Vaterland, erstand erst durch seine Erkenntnis, daß er zum Führer ausersehen sei, erst durch das Wachsen des Intellekts reifte seine Liebe, eine egozentrische Nächstenliebe, die sich bald auf die ganze Menschheit ausdehnte. In allen Sätteln, wenn auch nicht gerecht, so doch gesessen, war er aus Romantik jedem Kompromisse zwischen Idee und Realität abgeneigt; und so sah er seine sektiererischen Heilslehren immer wieder an dem »Spießbürger« zerschellen. Und bald bestand für ihn sein ganzes Volk nurmehr aus »Spießbürgern«, und seine ursprünglich allein auf ihn konzentrierte Liebe wandelte sich in Haß, in aktiven Haß, in Zerstörung. Alle Kosmopolitik wich dem fanatischen Hassen der Sippe, dem Hasse auf das einst geliebte als historischen Begriff realisierte Vaterland.

Könnte er, würde er es vernichten. Zur Zerstörung ist ihm jede Hilfe willkommen. Er wird Spion, tritt in den Dienst einer ausländischen Macht. Mit seinem Bruder Joachim, den er für seine Pläne gewann, geht er an die Organisation.

Joachim, 23 Jahre alt, Versicherungsagent, willigte sogleich ein. Über seine Feigheit, die ihn an der Mitarbeit hätte hindern können, triumphierte sein skrupelloser Leichtsinn. Als Schwächling brach jede Gefühlsargumentation sein Gewissen. Intelligent genug, um zu sehen, wie die Mächtigen die schwersten Verbrechen ungestraft begehen, war er zu zynisch aus Pessimismus, um gegen sie zu kämpfen, wie Michael, sondern er schloß sich ihnen an. Er bediente sich mit Arroganz derselben rücksichtslosen Mittel.

Michael und Joachim überreden nun den jüngsten Bruder, Friedrich, der als Soldat im Fort dient, für sie militärische Dokumente zu stehlen. Friedrich ist 20 Jahre alt und der »tumbe« Ritter seines Regiments. Haben seine Brüder keine bejahende Einstellung zur Gemeinschaft, hatte Michael jedes Zusammengehörigkeitsgefühl überwunden, und Joachim nie eines empfunden, so scheint Friedrich ganz aus Anhänglichkeit, wenn auch, infolge seines zurückgebliebenen Intellekts, nur zur Familie, aus Treue ohne Kritik zu bestehen. Besonders liebt er Michael. Nie hatte er es ihm vergessen, daß er ihn als Junge immer vor seinen Kameraden beschützt hatte. Er empfindet zu ihm gehorsames Vertrauen. Ist bei Michael das Gerechtigkeitsgefühl, bei Joachim ein rattenhafter Selbsterhaltungstrieb, so bei Friedrich das Dankbarkeitsgefühl Hauptmerkmal. Eine Dankbarkeit ohne Unterscheidungsvermögen für die Größe der ihm erwiesenen Wohltat. Und dies ist auch der Grund, weshalb er sogleich einwilligt, die Dokumente zu stehlen. »Er stiehlt sie, weil er den Feldwebel haßt«, meint Joachim.

Die Unterredung der drei Brüder findet in der Wohnung Dianas statt. Dies ist eine ehemalige Schauspielerin, Diana ist ihr Künstlername, ohne jemals irgendwo engagiert gewesen zu sein. Mit nervöser Begierde nach Luxus markiert sie die teuer geborene Hure und ist doch nur eine untalentierte Schauspielerin, die, wenn sie nicht gut gewachsen wäre, im besten Falle Stenotypistin geworden wäre. Sie wird von zwei Männern, die geschäftlich miteinander zusammenarbeiten, ausgehalten, nämlich von einem alten hypochondrischen Börsianer und einem dicken, feisten Warenhausinhaber, der sich aus Armut emporarbeitete und stolz auf Diana ist.

Für Joachim empfindet Diana keine Liebe, trotzdem bevorzugt sie ihn vor allen anderen, denn sie empfindet ihn als derart minderwertig, daß sie sich durch seine Anwesenheit erhöht fühlt. Ist ihr ersteres bewußt, so ist letzteres ihr unbekannt. Joachim aber weiß, warum sie ihn bevorzugt, und seines Wissens wegen fühlt er sich ihr überlegen, doch ist diese seine Befriedigung nur Ausrede vor seiner Eitelkeit. Vor Michael hat Diana Angst. Und da sie ihm ihre Furcht zeigt, macht sie ihn erst aufmerksam auf sich, weil er ihre Scheu als Aufforderung erfaßt. Aber er weist sie zurück, verbittet sich die Störung, und nun fängt sie ihn an zu hassen.

Zweimal stiehlt Friedrich Dokumente. Das erstemal gelingt es ihm, Michael bekommt Geld und die Sache endet mit einer wüsten Sauferei bei Diana, die nichts von der Spionage weiß. Aber das zweitemal wird Friedrich ertappt und eingekerkert.

Er wird verhört und verhört. Man forscht nach Komplizen. Er schweigt. Er wird von den Detektiven verprügelt. Er schweigt. Alle Qualen erträgt er geduldig. Die Liebe des, wie seine Kameraden ihn spotteten: »im Rausch gezeugten« Soldaten mit dem stolzen Namen Friedrich ist stärker als jeder Schmerz. Er ist die Kreatur, die das Schicksal aus Witz zum Helden erhob.

Als Joachim von der Verhaftung erfährt, bricht seine Feigheit grell hervor, sein am Lebenkleben. Fast verrückt traut er sein Geheimnis Diana an, »wie einer Mutter«. Doch diese benachrichtigt aus Ärger über die plötzliche Entlarvung ihrer eigenen Hohlheit, aus Sadismus und vor allem aus Haß auf Michael die Polizei. Lockt Joachim in eine Falle: Sperrt ihn nach einer Nacht ins Closett und ruft die Polizei. Als die erscheint, findet sie Joachim als Wahnsinnigen vor.

Aber, bevor sie noch erscheint, pocht Friedrich, dem es gelungen war, aus dem Gefängnisse zu entfliehen, bei Diana an. Nicht um Hilfe zu erflehen, sondern um sie wiederzusehen. Er liebt sie seit jenem Saufgelage, seit jener Nacht. Damals spielte nämlich Diana aus Scherz, die in den großen »Feldherrn« Verliebte und drängte sich schamlos in seine Seele.

Nun kommt aber die Polizei und Friedrich flieht durch ein Fenster, von der verzweifelten Diana unterstützt, wird aber auf der Straße »auf der Flucht« erschossen.

Michael aber glückt die Flucht, trotz Polizeihunden, Detektiven und Militärstreifen. Drei Nächte und zwei Tage über hält er sich im Walde verborgen, flieht durch Dörfer, geht in die Berge.

Jeder Lebensbeweis stärkt seinen Haß, raubt ihm aber durch tausend stumme Fragen den Mut. Den Mut zur letzten Konsequenz, zur Selbstzerstörung, obwohl er sich ja erschießen will. Das Gesetz des Lebenmüssens, die Erkenntnis der eigenen Schwäche, die aus Feigheit Mitleid zeugt, besiegt seinen Haß.

Er geht über die Grenze, leer und gebrochen, aber mit den Möglichkeiten, ein neuer Mensch werden zu können.

Ende.

Die Reise ins Paradies
[Textstufe 1]

Wien, 7. August 35

Lieber Bruder,

wo steckst Du? Ich hab ja schon ewig lang nichts mehr von Dir gehört, aber ich habe kein Recht, Dir Vorwürfe zu machen, denn ich bin auch schreibfaul. Ich hab immer Angst, daß ich nichts mitzuteilen habe. Alles, was mir passiert, wird im Moment, da es hinter mir liegt, nicht mehr mitteilungswert. Mein Leben läuft einförmig dahin, ich hab kein Geld und ich schreibe, was sich trifft. Ich möchte gern einen Film schreiben, aber da reden soviel mit und die Leut verstehen meinen Stil nicht. Worüber ich lache, da werden sie ernst, was ich für blöd find, finden sie geistvoll, was ich tragisch, finden sie sinnlos. Ich weiß nicht, woher das kommt, wahrscheinlich von mir. Also, ich schreib nichts für den Film. Auch für das Theater kaum mehr. Mein letztes Stück war ein Durchfall, ich habe viele Szenen gestrichen, aber wenn die drin geblieben wären, wärs ein Erfolg gewesen. Ich glaube aber überhaupt, daß das Theater keine Zukunft hat, es fehlt die Jugend, und es macht sich jeder sein eigenes Theater, da jeder eine Rolle spielt. Für das Schicksal anderer ist wenig Interesse vorhanden, nur für die Situationen anderer, in die sie geraten können. Aber das wird Dich langweilen und mich langweilts auch. Wenn ich nur Geld hätte! Dann wär ja alles in Ordnung, ich weiß zwar, daß Geld allein nicht glücklich macht, aber »alles« ist auch ein relativer Begriff. — Nun hab ich mich entschlossen, ein Buch zu schreiben, und zwar mit Dir. Du bist doch Maler und Du könntest es gleich illustrieren, aber es dürfte kein illustrierter Roman werden, sondern es müßte mehr ein Bilderbuch sein. Schreib mir doch, bitte, ob Du Lust hättest, mit mir so was zu machen. Ich schicke den Brief noch an Deine alte Adresse, ich bin zwar überzeugt, daß Du verzogen bist, aber hoffentlich tut die Post Ihre Pflicht und sendet es Dir nach.

Dein Bruder.

Antwerpen, 9. Dezember 35

Lieber Bruder,

die Post tat ihre Pflicht, ich erhielt Dein ausführliches Schreiben, wenn auch ein halbes Jahr später, denn ich bin inzwischen zwanzigmal umgezogen, weil alle Hausfrauen Bestien sind! Keine hat es mir erlaubt, daß ich in der Nacht musizier, und sing! Meine Freunde titulierte sie »Bürscherl« und meine Freundinnen – – belegte sie mit niederen Worten.

Deinen Brief versteh ich nicht ganz, Du weißt, daß ich nicht sehr gerne denke, selbst ja, aber nicht mit anderen zusammen. Ich hab bloß verstanden, daß Dein letztes Stück kein Erfolg war, was mir leid tut, und daß Du mit mir zusammen einen Roman schreiben willst, den ich illustrieren soll, was mich freut. Aber ich finde es einen Mist. Ein illustrierter Roman ist nichts, man phantasiert für den Leser, und da wird der Leser meistens bös. Denn was ihm schon einmal vorphantasiert worden ist, das möchte er allein nachphantasieren und da hat er recht.

Aber schreib mir doch mal, was Du für eine Idee hast, wenn wir jetzt auch weit getrennt sind, vielleicht können wir was zusammen machen. Ich fahr morgen nach China, als Matros. Was soll ich hier noch als Zeichner? Ich hab zuviel Schulden. Schreib mir Schanghai postlagernd. Vielleicht könnens wir auf die Entfernung hin machen.

Hier gefällts mir nicht mehr. Damit Du eine Ahnung hast, zeichne ich Dir hier eine Galerie der Hausfrauen, unter denen ich litt. Die mit dem Stern (x) bezeichnete, hat meinen Grammophon zurückbehalten. La furie = die Furie.

Dein Bruder.

Lieber Bruder,

also hat Dich mein Brief, doch erreicht, ich dachte wirklich nichtmehr daran! Der Deine hat sich auch verspätet, da ich inzwischen auch umgezogen bin, zu Freunden, denn ich hab garkein Geld. Schreib bald wieder und glückliche Weihnachten!

Meine Idee wäre die Geschichte eines Mannes, eine Reisegeschichte, der in der Zeit zurückfährt. Ich hab mal einen geistig Beschränkten gekannt, der arme Sobottka, der hat immer gesagt, er möcht in andere Zeiten fahren. Eigentlich ist es also nicht meine Idee. Aber vielleicht interessiert Sie Dich und die anderen. Denn man kann aus allem heraus, nur nicht aus seiner Zeit.

Dein Bruder!

Lieber Bruder,

daß Du nach Schanghai fährst, erstaunt mich sehr. Aber vielleicht hast Du recht und man soll die Welt kennen lernen. Daß Du trotzdem mitarbeiten willst, freut mich sehr. Wir haben beide Zeit zu verlieren – also es macht nichts, wenn wir lange brauchen.

Dein Bruder.

[*Die Reise ins Paradies* « war als illustrierte Ausgabe angelegt, der nachfolgende Textteil enthält neben Notizen entsprechende Bildkonzepte.]

Lieber Bruder,   (ein Bild von Schanghai)

Lieber Bruder,   (das erste Kapitel.)

Lieber Bruder, ich beeile mich zu antworten, es dauerte so lange, weil ich in die Hände von Piraten gefallen bin.

Da war ein Führer, der sah so aus:

und die Unterführer:

und ich: (gefesselt)

Fast wärs so gekommen: (aufgehängt)

aber dann kam das Lösegeld:

Die Reise ins Paradies
[Textstufe 2]

I.

Es dreht sich die Erde um die Sonne und der Mond dreht sich um uns. Oh, wie schön ist der Mond, die Sonne, die Erde! Wie hell ist der Tag, wie finster die Nacht, wie trocken der Staub, wie naß der Regen, wie hitzig der Sommer, wie eisig der Winter, wie weiß der Schnee und wie grün das Gras! Oh, wie oft haben wir uns wegen all dieser Probleme gezankt, gestritten, gerauft, geprügelt und wieder versöhnt, mein Bruder und ich! Mein Bruder

der zeichnet

und ich, der ich schreibe.

Warum zeichnet Oberer und warum schreib ich Unterer? Weil es uns freut! Jawohl, wir freuen uns über das Eis und die Hitze, das Laster, die Tugend, das Unkraut und das Kraut, das Gute und das Böse – – kurz und gut und böse: Ärgert Euch nicht über uns! Denn wir können doch nichts dafür, daß unser kurzes Leben uns mal gegeben worden ist, um dereinst genommen zu werden.

Ärgert Euch nicht, liebe Leut!

Seht, wir widmen ja Euch dieses Buch, Euch allen jenen, die wohl lesen, aber nicht zeichnen können! Und auch denen unter Euch, die nicht lesen können. Die sollen es sich nämlich vorlesen lassen, von jenen, die zeichnen können.

In diesem Sinne!

Euer Ödön von Horváth.

Ein Briefwechsel

Am 7. März 1935

Lieber Bruder,

wo steckst Du? Hoffentlich erreicht Dich dieser Brief, denn ich hätte einen wichtigen Vorschlag: Du wirst Dich doch erinnern, daß unser lieber Onkel Ferdinand am 2. Oktober Geburtstag hat. Er wird hundert Jahre alt und da hab ich mir gedacht, daß wir ihm etwas schenken sollten, weil er doch unser Wohltäter ist. Da wir jedoch kein Geld haben, um ihm etwas zu kaufen, bin ich dafür, daß wir zwei ihm ein Buch schreiben, ich die Worte und Du die Bilder. Er wird sicher eine Riesenfreud daran haben. Antworte bald

Deinem Bruder.

Am 11. August 1935

Lieber Bruder,

ich antworte bald, denn ich tu sehr gerne mit, aber hast Du schon eine Idee für das Buch? Antworte bald

Deinem Bruder.

Am 12. August 1935

Lieber Bruder,

natürlich hätt ich schon eine Idee, und zwar: Der liebe Onkel Ferdinand sagt doch immer, daß er in einer anderen Zeit leben möcht. Schreiben wir ihm also ein Buch, in dem er ein Auto hat, mit dem er nicht nur in beliebige Länder, sondern auch in beliebige Zeiten fahren kann. Seit wir ihn kennen, seufzt er doch in einer Tour: »Früher war es besser!« Lassen wir ihn also zurückfahren, wohin er nur möcht, ins Mittelalter, zur Maria Theresia und zu seinem geliebten Napoleon, zum Schubert Franzl oder zum Troja-

nischen Pferd! Er wird sicher eine Riesenfreud daran haben!
Antworte bald

Deinem Bruder.

Am 13. August 1935
Lieber Bruder,
    diese Idee mit der Reise retour ist mein Fall! Du weißt, ich
bin schreibfaul, drum leg ich Dir lieber gleich ein Aquarell
bei: »Onkel Ferdinand vor seinem Zeitwagen«.

Sieht aus, wie ein normales Auto, nur hat es drinnen eine
Vorrichtung, mit der man in der Zeit zurückfahren kann,
aber diese Vorrichtung kann man auf dem Bilde nicht sehen,
denn das wäre mir zu kompliziert zum zeichnen. Auf Wiedersehen!

Dein Bruder.

NB: Ich bin dafür, daß er zuerst eine Probefahrt macht, aber
nicht zu weit.

Probefahrt in die Kinderzeit

»Wieviel Liter?« fragte der Tankwart. »Dreihundertzwan-
zig«, sagte der Onkel kurz. Der Tankwart starrte ihn entsetzt an: »Wieviel?!« »Oder«, meinte der Onkel und setzte
sich die Brille auf, »gebens mir dreihundertfünfundzwanzig.
Und zweiundsechzig Liter Öl.« »Großer Gott!« schrie der
Tankwart, »sind Sie verrückt geworden, Herr Ferdinand?!«
»Wieso?« erkundigte sich der Onkel herablassend. »Ja, wo
wollens denn hinfahren?! Um die Welt oder gar auf den
Mond?!« »Noch weiter!« sagte der Onkel und lächelte my-
steriös. »Aber davon verstehen Sie nichts. Also gebens schon
her das Benzin, das Öl. Und gebens mir auch noch sieben

Hektoliter Wasser!« Der Tankwart zuckte ängstlich zusammen und bediente ihn benommen. Es dauerte dreieinhalb Stunden und der Onkel gab ihm zehn Groschen Trinkgeld.

Dann gings dahin.

Er wollte nicht weit, gewissermaßen nur um die Ecke der Zeit, in die Tage der Kindheit, denn dort schien es ihm schön gewesen. Ja, der Garten der Kindheit hängt voller goldener Äpfel, aber das Gold ist nichts wert, denn man kann sie essen. Und die Bäume sind höher, die Plätze weiter, die Straßen länger, die Blumen größer, der Schnee weicher – – und das alles wird noch viel schöner in der Erinnerung. Der Schnee fällt sanfter und die Pferde können sprechen, die Hunde denken und die Blumenbeete werden zerstört. Die Lehrer werden harmlos, die bösen Parkaufseher personifizierte Engel, alle Gefahren verschwinden, lösen sich auf in wehmutvoller Erinnerung.

Es war ein grauer Herbstmorgen, naß und voll Nebel, als der Onkel zu seiner ersten Probefahrt startete. Und als er nun Gas gab, da schien der Nebel noch dichter zu werden, er sah gar nichts mehr, nur eine dicke gelbe Wand vor sich, wie Lehm. Das Auto schien sich in die Luft zu erheben, als rollte die Erde unter ihm hinweg, so ein Gefühl hatte er. Er fuhr wie durch Watte. Der Zeitgeschwindigkeitszähler stand auf siebzig Lichtkilometer, auf dem Schaltbrett flammte es auf, grün und gelb, blau – – dann rot. Da hielt das Auto mit einem Ruck, die Sonne brach durch, als wärs aus den Wolken gefallen. Und es stand am selben Fleck. Nur sah der Fleck anders aus. Es war der Platz, als er wegfuhr so:

und nun so:

Er stieg aus dem Auto und langsam erkannte er wieder alles, auch Dinge, die er bereits vergessen hatte, wie zum Beispiel, daß dort, wo jetzt die Bank steht, früher nichts war.

Die stille Revolution. Roman
[Textstufe 1]

Am 18. April 1934 schraken die Bewohner des kleinen
Städtchens Sanct-Martin im Burgenland auf eine furchtbare
Detonation aus dem Schlafe auf. Und kaum war die erste
vorbei, folgte die zweite.

Die Gendarmen eilten heraus, desgleichen die Miliz. Es
waren zwei Böller explodiert, der eine vor dem Pfarrhaus,
der zweite vor dem Bürgermeisteramt. Es wurden unzählige
Fensterscheiben [*Text der Seite bricht ab*]

»Habens schon gehört, Herr Pichlmeyer«, fragte die Frau
Krennhuber ihren Zimmerherrn, »daß heut Nacht in Sanct-
Martin wieder zwei Bomben explodiert sind, die eine vor
dem Rathaus, die zweite vor dem Pfarrhaus. Der hochwürdige Herr ist ein tapferer Mann, er ist gleich aus dem Bett
heraus und hinaus vor die Tür und hat geschimpft und geflucht, während der Bürgermeister einen Nervenschock
bekommen hat. Und zwischen Wien und St. Pölten habens
eine Eisenbahnbrücke gesprengt, im letzten Moment habens den D-Zug aufgehalten, sonst wär was passiert, und
einen christlich-deutschen Turner habens meuchlings erschossen, und den jüdischen Juwelier ermordet, und in
Wien habens auf einem Kinderspielplatz Bomben in den
Sand gelegt und die haben den Kindern die Händ weggeris-
sen – ich sags ja, ich sags ja: Diese Herren Nationalsozialis-
ten, die wollen erzwingen, daß wir preußisch werden!«

»Beruhigen Sie sich, Frau Krennhuber«, meinte der Assistent Pichlmeyer, »wir Österreicher werden niemals preußisch. Selbst wenn uns die Preußen einverleiben sollten, so
bleiben wir doch immer, was wir sind!«

»Wenn nur der Franz Josef noch leben würde«, sagte die
Alte. »Aber so ohne Kaiser –«

»Auch jetzt haben wir Männer, die über Österreich wachen«, sagte der Pichlmeyer, »und Gott wird uns helfen, alles zu überstehen. Auch die Preußen.«

*

Der Assistent Pichlmeyer war ein braver Mann. Er war immer schon Legitimist und er haßte die Preußen. »Man muß sich von dem Vorurteil frei machen, daß die Preußen auch Menschen sind«, pflegte er zu sagen.

Die stille Revolution. Roman
[Textstufe 2]

Im dritten Stock wohnte ein Student. Er studierte Jus, wußte aber nicht, was er werden wollte, sollte.

Die Straße war eng und kurz, der Himmel grau. Es begann leise zu regnen.

Der Sommer ging vorbei. Der Sommer 1913 – –

Der Student schrieb ein Gedicht.

Er war nämlich verliebt.

Aber es wurde kein Liebesgedicht. Ganz im Gegenteil. Es wurde ein Gedicht, das in einem überheizten Glashause spielte, ein wildes, anklägerisches Gedicht, ein tief resigniertes, von einem Sohne, der seine Mutter umbringt. Es war sprachlich einwandfrei, aber es ließ dennoch kalt, denn der Student liebte seine Mutter nicht.

Denn seine Mutter war eine dumme Frau, die mit dem Leben nicht fertig wurde. Sie saß in einer Sechszimmerwohnung, und wurde immer hysterischer. Sie war so eifersüchtig auf ihren Gatten, der ein Frauenarzt war.

Der Frauenarzt war ein braver Mann und wurde mit ihr nicht fertig. Es war die Tyrannei der Spießerinnen, der spießbürgerlichen Vampyre. Aus Achtung vor dem Weibe, wurden sie von den Männern verpatzt. Die Männer damals gingen auf jede Laune ein, weil sie höflich waren und korrupt.

Der Student hatte gerade das Gedicht fertiggestellt, fertiggedichtet, als die Post kam. Es war ein Brief von dem literarischen Zirkel dabei, dort zu erscheinen.

Der Zirkel wurde von einer Gräfin geführt, die für die Literatur schwärmte, für die moderne. Sie verstand nichts davon, aber sie war für die Freiheit. Unter Freiheit verstand sie die Erlaubnis, Wörter wie Hose, Korsett, etc. aussprechen zu können. Sie hörte den Vorlesungen zu und wenn das Wort Hose oder Korsett kam, applaudierte sie und rief »Bravo!«

In diesem Zirkel wollte der Student sein Gedicht vorlesen.

Es hieß: »Der Knabe als Muttermörder.«

Die Gräfin wird »Bravo!« schreien, dachte der Student, schon beim Titel!

Dann verließ er sein Zimmer und ging über die Straße.

Damals war der Verkehr noch gering. Es gab nur wenig Autos. Die Lastfuhrwerke gingen im Schritt und die Wagen wurden von einem Pferde gezogen oder von zwei. Eine eigentliche Lebensgefahr bildeten nur die Straßenbahnen. Und die Equipagen, wenn die Pferde wild wurden, durchgingen, vor einer Trambahn scheuten.

Der Student ging an den Geschäften vorbei.

In den Buchauslagen lagen die neuesten Werke der Neuromantiker. Sie waren in Leder gebunden. Der Student dachte, er möchte auch mal so gebunden sein.

Er wich einem Auto aus.

Er haßte die Technik. Es schien ihm unfein, über sie zu sprechen.

Es war etwas untergeordnetes.

Er ahnte noch nicht, daß ein Jahr später ein Krieg ausbrechen würde, in dem die Technik siegen wird.

Es war eine satte, müde Welt – – und er träumte vom Zusammenbruch. Die Ahnung des Zusammenbruches lag auf ihm, er wußte, daß die Dichter ihrer Zeit immer voraus seien und er wußte, daß alles zusammenbrechen würde. Da hatte er ja auch recht, aber er hatte es sich nicht überlegt, daß er dann keine Gedichte mehr wird schreiben können, kein Geld von seiner hysterischen Mama wird bekommen können, daß dann wirklich alles aus sein wird.

Es war das Gefährlichste: Er kokettierte mit dem Nichts. Und wußte nicht, daß er kokettierte.

Auch jetzt kokettierte er, da er zu seinem Mädel ging. Er holte es aus einem Warenhaus ab. Dort wartete er. Die großen Glasfenster waren erleuchtet. Es warteten nur Männer. Darunter ärmere, auch einige Kavaliere, um die Ecke stand sogar eine Equipage.

Endlich kam das Mädel. Sie war blond und hübsch.

Sie schien traurig.

»Was ist dir?« fragte der Student.

»Ach«, sagte sie. »Du wirst mich ja doch nie heiraten. Das Leben verweht, vergeht – –«

Sie gingen durch die Anlagen und durch einen Park. Die Blätter fielen und man hörte aus der Ferne das Läuten der Trambahnen. Sie setzten sich auf eine Bank.

»Was ist dir?« fragte wieder der Student.

»Ich bin ein armes Mädel«, sagte sie, »und du nützt mich eigentlich nur aus.«

»Ich?!«

»Ja.«

»Wie kannst du so was sagen?!«

»Ich war gestern bei einer Freundin. Dort war ihr Onkel. Der hielt uns große Reden und er hat recht. Ihr nützt uns nur aus.«

»Aber entschuldige, kennt er mich denn?!«

»Nein.«

»Nun, wie kann ers denn wissen, daß ich dich ausnütze?«

»Er meint es im Prinzip!«

»Da gibt es kein Prinzip, und das laß ich mir nicht bieten! Ich werde den Kerl zur Rede stellen!«

»Aber Liebster, mach doch keine Sachen! Er steht doch tief unter dir! Er ist doch nur ein Eisendreher, er arbeitet in der Fabrik, laß ihn reden, schau, der Mond kommt jetzt und die Sterne – –«

Der Student küßte sie und sie schmiegte sich an ihn.

Er fühlte ihre Wärme, aber der Onkel ließ ihm keine Ruhe. Wie kommt der dazu, zu sagen, daß er sie ausnützt?!

»Ich werde ihn doch zur Rede stellen«, sagte er plötzlich, aber sie zog ihn ängstlich zu sich herab.

Ein Polizist ging vorbei.

Er war bei ihr.

Hernach: »Ich muß den Onkel sprechen!«

Er hat mit ihr einen kleinen Krach.

Sie sagt am Schluß: »Ja, der Onkel hat doch recht: Arm und reich vertragen sich nie.«

Arm und reich?

Der Student dachte nach: Was soll das? – –

Er ging nachhaus und wusch sich die Hände. Er zog sich um und ging dann zur Einladung der Gräfin.

Dort trug er das Gedicht vor.

Die Gräfin sagte »Bravo!«

Es waren noch andere Damen da, elegante und so, aber dem Studenten gingen zwei Wörter nicht mehr aus dem Sinn. »Arm« und »reich«. Er sah die eleganten Damen, die ihm Komplimente machten für seinen Knaben als Mutter-mörder-Zyklus, und er mußte immer an das Mädchen denken im Warenhaus.

Und an ihren Onkel.

Er wird den Onkel sprechen.

Nach der Gräfin ging er mit zwei Freunden weg. Sie gingen noch in ein Cabaret.

»Es ist eigentümlich«, sagte der Eine, »die Zweiteilung des Weibes. Die einen sind Heilige, die anderen Dirnen. Auch die männliche Seele ist zweigeteilt.«

Aber den Studenten interessierte nur die Zweiteilung »Arm und reich«.

Er ging ins Cabaret.

Dort sang eine Sängerin ein Lied von einem Straßen-leuchter, der die Lampen andreht und seine Tochter am

Strich sieht. Es war sehr sentimental und hat den Studenten zu tiefst erschüttert.

Er betrachtete das Lied als einen Fingerzeig Gottes.

Am nächsten Tage sagte er zu dem Mädel: »Ich möchte deinen Onkel sprechen, aber ich versprech es dir, es gibt keinen Krach.«

»Gut«, sagte das Mädel, »aber sei gut zu ihm, er ist ein alter Mann.«

Und sie erzählte ihm, er könnte den Onkel dort und dort treffen, in einem Restaurant Ceres.

Am nächsten Tag ging der Student hin.

Es war ein vegetarisches Restaurant.

Der Onkel hatte einen Spitzbart.

Der Student hört zum erstenmale das Wort »Masse«.

Verwirrt verließ der Student das Lokal.

Er traf noch einigemal das Mädel, aber dann wars aus.

Er schrieb auch keine Gedichte mehr.

Sie gefielen ihm nicht.

Die stille Revolution. Roman
[Textstufe 3]

I.

In der Früh kommt die Post. Ich liege noch im Bett und höre die Briefe ins Kästchen fallen. Es ist halbacht. Heute hab ich dienstfrei. Heut kann ich ausschlafen. Ich bin Ingenieur [*später korrigiert:* Arzt, Irrenarzt].

Wir können uns kein Mädchen leisten. Sie könnte zwar in der Kammer schlafen, aber wir müßten für sie Invaliden-, Krankenkasse, Altersversicherung und Unfallversicherung und Arbeitslosenversicherung zahlen.

Es ist sehr richtig, daß man das alles zahlen muß. Denn Lohn bekommt sie nur wenig. Und es sollen sich nur die ganz Reichen die Dienstboten halten. Hoffentlich gibt es bald keine Dienstboten mehr! Denn das ist das letzte Überbleibsel der Sklaverei.

Wie oft gibt es Prozesse, wo die Weiber die Dienstmädel mißhandeln! Die Frau eines Bürgers ist immer schlimmer, als der Mann! Es geht auch Weib gegen Weib! Nein, hoffentlich gibts bald keine Dienstboten mehr!

Ich bin ein Ingenieur und arbeite an einer Erfindung zur Vereinfachung des Haushaltes. Eine Putzmaschin und dgl. Alles wurde erfunden, im Haushalt eigentlich am wenigsten. –

In der Früh holt meine Frau den Kaffee, ich helfe ihr abends beim Abwaschen. Meine Frau ist brav. Sie bringt mir die Post.

Es waren drei Briefe.

Der erste vom Luftschutzamt.

Der zweite von der Winterhilfe.

Der dritte vom Verband der Steuerzahler.

Der erste erzählte uns von den Gefahren des Luftkrieges. Er malte alle Schrecken aus. Der zweite von den armen Leuten. Der dritte, dem gehörte meine helle Empörung!

Es war ein Brief von dem Steuerzahlerverband, der Beiträge einforderte für den Fall eines Krieges.

Ich muß mir eine Gasmaske kaufen.

Ich werde mir schon eine kaufen, aber warum muß ich?

Wenn der Staat solch einen Wert darauf legt, daß der einzelne Volksgenosse am Leben bleibt, soll er doch die Masken liefern! Wir zahlen ja Steuern!

Aber holen tu ich sie nicht!

Nein, ich nicht! – –

Zwei Tage später läutete es in aller Frühe: Eine Frau stand draußen. »Ich komme vom Luftschutzbund«, sagte sie. »Ich möchte einkassieren für die Gasmasken.«

»Ich gebe nichts.«

»Der nächste Krieg wird furchtbar werden«, sagte sie.

»Wir werden es schon sehen!«

Zwei Tage später kam ein Kriminalbeamter.

II.
Im Irrenhaus

Ein Politiker (Wirtschaftsführer) wird eingeliefert. Er ist irrsinnig. Der nicht irrsinnige Politiker, der eingesperrt wird, damit ihn keiner findet.

Die stille Revolution. Roman
[Textstufe 4, betitelt: Die zweite Revolution]

I.

Gestern war Revolution. Endlich! Die Minister wurden eingesperrt. Der Kriegsminister war immer schon dabei. Den Verkehrsminister traf der Schlag, der Innenminister wurde verprügelt in einem Keller, der Ministerpräsident floh über die Grenze. Endlich, endlich!

Es herrscht ein gewaltiger Jubel, das Volk tanzt auf den Straßen und marschiert hin und her. Überall werden die alten Flaggen zerrissen und verbrannt, die neuen feierlich gehißt.

Das Militär präsentiert die neue Fahne.

Der Führer hat Tränen in den Augen.

Die alte Frau Hatschmeier hat vor Freude der Schlag getroffen.

Endlich, endlich, hat es das Volk erreicht!

Verschwunden waren die Kasten, die Klassen. Es gab nur ein Volk! Verschwunden die falschen Götter, die Zivilisation!

Man kannte nur seine Nation.

Es gab zwar welche, die sagten, wieso ist das Volk geeint, wieso gibt es Gleichheit und Brüderlichkeit und Freiheit, wo doch manche viel Geld haben und manche nichts?

Sie wurden kurzerhand erschlagen, die dies behaupteten.

Die stille Revolution. Roman
[Textstufe 5, betitelt: Die Personalien]

»Sie heißen?«

»Peter Zapfel.«

»Geboren?«

»Am 10. Oktober 1911.«

»Wo?«

»In Békéscsaba.«

»Wie war das? Buchstabieren Sie mal! Wir sind hier in Deutschland! Toller Name so was!«

»B wie Büro, E wie Elias –«

»Halt! Nur kein altes Testament! E wie Erich, – weiter!«

»K wie Kaiser, E wie Erich, S wie süß, C wie Christ, S wie süß, A wie Anton, B wie Bruno, A wie Anton.«

»Toller Name! Was es alles gibt! Also wo liegt denn dieses Békéscsaba?«

»In Ungarn.«

»Also ungarischer Staatsbürger.«

»Nein.«

»Wieso?«

»Weil das anläßlich meiner Geburt zu Ungarn gehört hat, aber jetzt gehörts zu Rumänien, aber mein Vater hat für die Tschechoslowakei optiert, obwohl er auch für Jugoslawien –«

»Halt! Genug! Also was sind Sie?«

»Jugoslawe. Aber mein Paß ist abgelaufen und so ist es nicht klar –«

»Halt! Jugoslawe, zu deutsch: Südslawe. Beruf?«

»Ich hab nichts.«

»Ich habe nicht gefragt, ob Sie nichts haben, sondern ob Sie Südslawe sind?«

»Das weiß ich nicht. Meine Mutter war eine halbe Rumä-
nin, eine halbe Deutsche, mein Vater ein halber Ungar und
ein halber Slowak –«

»Ja, Menschenskind! Sie müssen doch irgendwas sein!
Als was fühlen Sie sich denn am meisten?!«

»Am ›meisten‹? Als garnichts!«

»Unsinn! – Beruf?«

»Tischler.«

»Aha.«

»Wieso aha?«

»Keine Fragen! Fragen steht nur mir zu und nicht Ihnen!
Sie haben ohne Erlaubnis, ohne Paß, ohne gültige Dokumente, die deutsche Grenze überschritten – Sie bleiben vorerst!«

»Wie lang?«

»Das geht Sie nichts an!«

Die stille Revolution. Roman
[Textstufe 6]

Man weicht mir aus.

Denn meine Schuhe sind zerrissen und mein Anzug ist auch nicht so ganz in Ordnung.

Aber ich kann mir meine Schuhe nicht flicken lassen und meinen Anzug muß ich auch so lassen, wie er ist, denn ich habe kein Geld.

Ich hab überhaupt noch nie Geld gehabt.

Seit ich mich erinnere, hatte ich immer nur das, was ich grad gebraucht hab. Ich habs zwar auch zeitweise manchmal nicht gehabt und hab gehungert. Aber dann wars plötzlich wieder da. Wir nanntens: »das Wunder«. Auch bei meinen Eltern war es so. Sie lebten von heut auf morgen. Mal hatte mein Vater Arbeit, mal nicht. Mal meine Mutter, mal nicht. Mal hatten beide nichts. Mal hatten beide. Dann kriegten wir Bonbons und Papa hatte einen Rausch. Dann gingen wir Kinder stehlen, ich und meine beiden Schwestern. Die eine ist schon tot. Sie starb mit 14 Jahren. Jetzt ist sie im Himmel, sagt die Mutter. Wir kommen alle in die Höll, sagt der Vater. Ich sag gar nichts, denn ich glaub an nichts. Nein, heut glaub ich an nichts mehr. Wir Kinder sangen damals einen Vers, wir wußten nicht genau, was er bedeutete: »Sie kanns im stehn und liegen – Jetzt ist sie bei den Engelein, jetzt kann sies auch im Fliegen!«

Heut weiß ich es, was es bedeutet, und wenn ich traurig bin, denk ich daran. Dann werd ich noch trauriger. Aber ich beruhig mich.

Ich kann mich zwar an vieles nicht mehr erinnern, an das sich meine Eltern noch genau erinnern können, zum Beispiel an den Weltkrieg – aber auch ich habe bereits verschiedenes auf der Welt erlebt, um sie, wenn auch nicht restlos kennen zu lernen, so doch für meine Person.

Jetzt geh ich heut schon 22 Kilometer – und ich weiß es noch nicht, wo ich übernachten werd. Ich geh nämlich auf der Landstraße und weiß nicht wohin. Ich bin ein sogenannter Landstreicher.

Ich wandere schon seit Wochen. Mal übernacht ich bei Bauern, mal in Scheunen. Es gibt zwar Heime für wandernde Leute, aber die meide ich.

Ich will es nämlich offen sagen, warum ich sie meide: Ich mag nämlich nicht arbeiten. Nein, ich will nicht arbeiten!

Es war nicht immer so, daß ich nicht arbeiten wollte. Es war vielmehr ein langer Prozeß. Ursprünglich war ich in der Lehre. Da zog er mir die Ohren hoch. Ein Buchdrucker. Da las ich viel. Dann ging ich weiter. Feldarbeiter, Maurer, aber dann – dann kam der Zwang. Ich sollte Straßenarbeiten! Da hörte ich auf.

Lieber geh ich auf der Straße!

Denn ich habe nichts von meiner Arbeit! Im besten Fall das Fressen! Ich habe nichts von der Straße, die ich baue, nichts von dem Piano, nichts von dem Haus, nichts von der Zentralheizung. Drum arbeit ich lieber nichts!

Ich seh es nicht ein, was ich davon hab!

Ich komm schon so durch!

Jetzt geh ich auf der Landstraße.

Man weicht mir aus.

Nur zu!

Die stille Revolution. Roman
[Textstufe 7]

Es war eine tiefe Nacht, als ich auf den Unbekannten wartete. Über den Wiesen lag der Nebel, aber man konnte ihn nicht sehen, nur riechen, so finster war die Nacht.

Im fernen Dorfe schlug die Uhr halbacht. Jetzt müßte er doch schon hier sein! Wo er nur bleibt?

Ein Auto fuhr vorüber. Ich stellte mich hinter einen Baum und die Scheinwerfer trafen mich nicht. Ich sollte nämlich nicht gesehen werden, daß ich auf den Unbekannten wartete.

Endlich hörte ich Schritte – – ein Mann. Ist er es. Ich stand auf der Straße und wartete.

Nein, er war es nicht. Es war der Gendarm.

Als er mich sah, stutzte er einen Augenblick, dann trat er näher und erkannte mich. »Ach, Sie sinds! Was treiben denn Sie da auf der Landstraße mitten in der Nacht?«

»Ich geh nur etwas spazieren«, sagte ich.

»Jaja«, sagte er. »Was soll man denn auch tun? Haben Sies gehört, daß sie heut das Werk stillegen – – so gehts dahin! Diese wirtschaftliche Depression bringt uns alle noch um!«

»Und derweil hätt ein jeder zu leben auf der Welt, wenn die Güter ein bisserl gerechter verteilt werden möchten.«

Er sah mich aufmerksam an, er stutzte.

»Also machens mir nur keine Dummheiten«, sagte er. »Denkens, es gibt auch noch andere Arbeitslose, Millionen, und Sie sind nicht der einzige. Sie könnens auch nicht ändern.«

»Ich allein auch nicht, aber die Millionen schon.«

Er stutzte wieder und drohte mir dann mit dem Finger.

»Sie, Sie«, sagte er und lächelte. »Das sind gefährliche Vergleiche.«

Und dann beugte er sich nah zu mir her:

»Ich kanns ja verstehen, wenn ihr jungen Leut murrt und wenns euch nicht paßt, daß ihr keine Arbeit habt und keine Aussicht, aber machts nur keine Dummheiten, Jugend neigt immer zu Radikalismen – – ich, wie ich jung war, da war ich ein Militarist, alles hab ich erobern wollen, dann war ich aber im Krieg, und dann wars anders bei mir – –«

»Kriege wirds immer geben.«

»Erinnern Sie sich an den Krieg? Wie alt sinds denn überhaupt?«

»Zwanzig.«

»Na dann warens beim Kriegsausbruch noch nicht da.«

»Ich bin ein Kriegskind.«

»Aha.«

»An den Krieg kann ich mich nicht mehr erinnern.«

»Aber Sie sind ja schon zwanzig, warum sagens, daß Sie neunzehn sind?«

»Bloß so.«

»Komisch. In unserer Jugend haben wir uns älter gemacht und ihr macht Euch jünger. Also nichts für ungut und auf Wiedersehen!«

»Auf Wiedersehen, Herr Kommissar!«

»Wiedersehen!«

Ich sah ihm nach.

Ja, jetzt ist alles anders.

In Deiner Jugend, Herr Gendarm, hat noch jeder zu fressen gehabt. Du konntest auch ein Gendarm werden, aber ich? Ich kann mir ja nichts leisten, keine Unterhaltung und nichts – – am liebsten tät ich mich schon manchmal erschießen.

Da klopfte mir jemand auf die Schulter – – ich fuhr herum.

Ein Herr stand vor mir mit einer dunklen Brille.

»Parole?« fragte er.

»Schmierseife«, sagte ich.

Aha, das war der Unbekannte.

»Ich wart schon eine ganze Weile, bis Sie sich mit dem Gendarmen ausdischkuriert haben. Was reden Sie denn soviel mit ihm?«

»Er hat mit mir geredet, und ich wiegte ihn nur in Sicherheit.«

»Schön«, sagte der Unbekannte. »Hoffentlich kann man Ihnen vertrauen.«

»Na, hörens mal!«

»Also gut«, und er zog einen dicken Brief aus der Tasche.

»Von Ihnen weiß es niemand, daß Sie zu uns gehören. Gebens den Brief heimlich dem Bürgermeister. Niemand soll es bemerken, dem Ortsgruppenleiter. Alle Parteimitglieder werden überwacht.«

Dann ging er.

»Gehts bald los?«

»Ja.«

Gottseidank!

Szenen für den Rundfunk

Eines jungen Mannes Tag im Jahre 1930
[Vorstufe, Fragment, betitelt: Ein neuer Casanova]

SPRECHER Es folgt nun unser Hörspiel. Zur Einleitung wird Professor Bersch einige Worte sprechen. Also: Herr Professor Bersch!

PROFESSOR (lispelt) Meine Damen und Herren!
Es ist eine völlig irrige Auffassung, daß es in unserer Zeit keine Romantik mehr gibt, daß alles die Sachlichkeit und Nüchternheit erstickt. Es gibt noch Wesen, die man im bürgerlichen Sinne als Original bezeichnen kann. Noch gibt es Leute, die Sinn haben für das Unbewußte in der Liebe, für die Mysterien, und die da gleich heilige Schauer empfinden.
Aber wir wollen auch nicht die Graziösen vergessen und so will ich Ihnen diesmal ein Expemplar vorführen, ein Kind unserer Zeit. Böse Zungen behaupten zwar, daß das nur eine neue Form des Spießers ist, aber das sind wie gesagt böse Zungen.
Das Kind, das ich Ihnen vorführen werde, heißt: Robert Metzger. Robert Metzger wurde mit 14 Geschwistern geboren und arbeitete sich mit zähem Fleiß und eiserner Energie empor. Er wurde vom Glück begünstigt ...
(Präsentiermarsch, der sich langsam entfernt)

Eines jungen Mannes Tag im Jahre 1930
[Reinschrift, Fragment]

SPRECHER Sie hören nun das Hörspiel »Der Tag eines jungen Mannes von 1930«. Wir übertragen Ihnen aber zuerst noch die Versammlung im Löwenbräukeller mit dem Thema über die Misere der heutigen Jugend, über das Geheimrat Stanglmeier referierte. Er hatte in seinem Referat sich ziemlich schonungslos über den Niedergang der heutigen Jugend ausgesprochen. Die heutige Jugend, führte der Herr Geheimrat Stanglmeier aus, ist ganz anders als die frühere, sie sei schamlos, brutal, egoistisch, kennt nur flachen Genuß, ist dem Geiste unserer Klassiker abhold – – kurz: Sie hat keine Seele, eine Jugend ohne Seele. Wir übertragen nun die Diskussion, der Herr Geheimrat, der Vorsitzende des Anti-Jugend-Bundes, hatte sein aufschlußreiches Referat soeben beschlossen.

(Übertragung)

PRÄSIDENT (läutet) Ich eröffne die Diskussion!

RUFE Bravo!

(Applaus)

PRÄSIDENT Ich bitte um Ruhe! Darf ich bitten, gnädige Frau? Als erste Diskussionsrednerin: Frau Studienrat Hintertupfer.

FRAU STUDIENRAT (mit Tremolo) Werte Versammlung! Werte Mitglieder und Schwestern und Brüder! Ich danke dem Herrn Geheimrat für seine mannhaften Worte und für das jugendliche Feuer, mit dem er die Sache gegen die heutige Jugend vertritt. Ich kann ihm nur voll und ganz beipflichten, er hat es wunderbar formuliert: Die heutige Jugend hat keine Seele – geben wir ihr wieder eine Seele! Hauchen wir ihr die unsere ein, und dafür wollen wir unermüdlich arbeiten.

(Bravo!)

PRÄSIDENT Herr Robert Koch, ein Vertreter der Jugend!

KOCH Die Vorwürfe gegen die heutige Jugend muß ich energisch ablehnen, sie können nur im Geiste alter Trottel geboren worden sein.

(Tumult)

PRÄSIDENT Einen Ordnungsruf!

KOCH Die gnädige Frau sagt, sie will uns ihre Seele einhauchen, also darauf tun wir verzichten!

PRÄSIDENT Frecher Lümmel! Raus!

(Tumult)

Der nächste Diskussionsredner: Herr Alois von Stetten.

STETTEN (lispelt) Wir haben soeben wieder schaudernd ein Beispiel für die unendliche Verrohung der heutigen Jugend erlebt. (Zuruf: Halts Maul!) Wer war das? (Zuruf: Ich!) Wer ist das ich? (Zuruf: Komm nur her, wennst was magst!) Unerhört!

PRÄSIDENT (läutet) Unerhört! Unerhört!

EINE SCHRILLE FRAUENSTIMME (kreischt) Unerhört! Unerhört!

STETTEN Ich fahre fort: Mit Recht fragte der Herr Geheimrat, wo bleibt denn das Mädchen mit dem zarten Erröten, bei deren Anblick wir seinerzeit den Busen schwellen fühlten? Es bleibt nirgends, es ist nicht mehr da und das ist sehr beklagenswert. Als ich jung war, verging mein Tag mit lesen. Wer liest heut noch von der Jugend? Wie vergeht der Tag eines solchen Menschen?

(Stille)

PRÄSIDENT (läutet) Herr Alfred Kranzler!

KRANZLER Es wurde hier zuvor gefragt, wie der Tag eines jungen Menschen heute abrollt. Da muß man Unterschiede machen: zum Beispiel: Es gibt noch junge Männer, die sehr viel Geld von zuhaus haben, aber solche gibts nur wenig. Die überwiegende Mehrzahl arbeitet in Büros zu einem nicht gerade hohen Lohn, sie kann sich mit diesem Lohn nichts besonderes leisten. Sollte der Herr Geheimrat nur die Jugend der Reichen im Auge gehabt haben, dann hat er ja recht – – aber wir anderen und wir sind fast alle, bei uns spielt sich das anders ab. Darf ich es Ihnen schildern, wie zum Beispiel gestern mein Tag abgerollt ist?

PRÄSIDENT Nur keine privaten Angelegenheiten!

KRANZLER So sehr privat war ja das gar nicht. So ähnlich schauts bei jedem aus, der zweihundert Mark ungefähr monatlich verdient, sofern er nicht arbeitslos ist. Und unverheiratet muß er sein, wie ich. Ich steh jeden Wochentag um 7 Uhr früh auf, und das ist schon höchste Zeit, denn um achte beginnt mein Büro.

PRÄSIDENT Wo arbeiten Sie?

KRANZLER Bei Steinhuber und Co.

PRÄSIDENT Also zur Sache!

KRANZLER Also wie ich gestern ins Geschäft gegangen bin, hab ich mich zufällig fast verspätet und daran war nicht ich schuld, sondern die Reichswehr.

PRÄSIDENT Wieso die Reichswehr?

KRANZLER Weil sie gerade an mir vorübergezogen ist, und ich konnte also nicht durch. Es war, glaub ich, ein ganzes Regiment. Mit Musik. Sie haben den Fridericus Rex gespielt – – oder den Hohenfriedberger, nein, den Fridericus Rex – –

(Musik; die sich langsam entfernt)

EINE FRAUENSTIMME Herr Kranzler! Herr Kranzler!

KRANZLER Na, was ist denn? Ah, Sie sinds, Fräulein Klisch!

KLISCH Ja, ich bins. Was spielt denn da die Reichswehr?

KRANZLER Den Fridericus Rex.

KLISCH Das ist eine schöne Melodie. Waren Sie eigentlich noch im Krieg?

KRANZLER Nein, ich war zu jung dazu.

KLISCH Ich kann mich an den Krieg überhaupt nicht erinnern.

KRANZLER Ich kann mich schon etwas erinnern.

KLISCH Das muß arg gewesen sein.

KRANZLER Es hätt angenehmer sein können.

KLISCH Hoffentlich versäumen wir nicht das Büro. Es ist schon zehn auf acht.

KRANZLER Man kann ja nicht durch durch die Reichswehr, da müssen wir schon warten, bis es ganz aus ist.

KLISCH Ich glaub, es wird bald aus.

KRANZLER Das glaub ich wieder weniger. Da kommen ja immer mehr Soldaten.

KLISCH Herr Kranzler, Sie wissen doch, ich bin jetzt erst seit vier Tag im Büro – was ist der Chef eigentlich für ein Mensch?

KRANZLER Ich kenn ihn menschlich nicht.

(Tutensignal)

SPRECHER Hier deutsche Stunde in Bayern! Bitte stellen Sie Ihre Uhr auf acht Uhr. Es fehlen noch – – – – Ich will nun mal anläuten, ob der Herr Kranzler schon im Büro ist.

(Telefon) Hallo!

BÜRO Hier Steinhuber und Co.

SPRECHER Hier deutsche Stunde in Bayern. Ich wollte mich nur erkundigen, ob der Herr Kranzler bereits bei Ihnen eingetroffen ist?

BÜRO Nein. Er ist noch nicht hier – – – Hallo! Einen Moment! Jetzt kommt er gerade! Kranzler! Man hat bereits nach Ihnen gefragt!

KRANZLER Wer? Der Chef?

BÜRO Nein.

KRANZLER Na, wenn schon!

BÜRO Der Chef sagte gestern, daß er sich das nicht mehr

gefallen lassen will, daß Sie fast jede Woche einmal zu spät um drei bis vier Minuten kommen.

KRANZLER Und das ist doch gar nicht der Rede wert.

BÜRO Aber der Chef hat es sich ausgerechnet, daß das dreimal zweiundfünfzig Minuten sind im Jahr, also 156 Minuten, ist gleich fast drei Stunden.

KRANZLER Fräulein Stanzinger, eigentlich geht Sie das einen Dreck an.

BÜRO Ich bin eine pflichtbewußte Angestellte.

KRANZLER Und eine schlechte Kollegin.

BÜRO (lacht)

FRÄULEIN (leise) Es ist nur gut, daß sie nicht auch mich bemerkt hat, daß ich zu spät gekommen bin, so gleich in den ersten Tagen macht das einen schlechten Eindruck.

KRANZLER Das Fräulein Stanzinger ist sehr boshaft. Hüten Sie sich vor ihr. Ich glaub, sie ist in den Chef verliebt.

EINE STIMME Ist der Chef schon da?!

EINE ANDERE STIMME Nein, er kommt nie vor zehn.

STIMMEN Geben Sie mir den Akt! – – Hier! – – Schreiben Sie mir das ab! – – (Telefon) Hier Steinhuber et Co. – – Wie? – – Herr Kranzler! Leihen Sie mir einen Bleistift! Schreibmaschine.

EINE STIMME Der Chef!

(kurze Stille)

BÜRO Fräulein Klisch zum Diktat zum Chef!

(kurze Stille)

DER CHEF Also schreiben Sie:

Sehr geehrter Herr!

Es ist natürlich völlig abwegig, wenn Sie sich an den Staatsanwalt wenden wollen. Ihre Drohung, unser Geschäftsgebaren als Betrug zu bezeichnen, löst bei uns lediglich ein mildes Lächeln aus. Wenn wir Sie nicht wegen Verleumdung belangen, so nur deshalb nicht, weil

wir als korrekte Kaufleute nichts mit der Staatsanwaltschaft zu tun haben wollen.

Mit vorzüglicher Hochachtung!

Fräulein Klisch, Sie müssen heut noch etwas länger bleiben – – es ist ja schon ein Uhr – – Sie müssen heute noch
etwas Überstunden machen, aber natürlich ist unser Geschäft bei diesen traurigen vaterländischen Zeiten nicht
in der Lage, Überstunden zu bezahlen – –

FRÄULEIN Ja, Herr Chef.

(Tutensignal)

SPRECHER Hier deutsche Stunde in Bayern! Ich muß hier
leider das Hörspiel unterbrechen, es ist mir nämlich gerade eine Nachricht zugekommen. Ein gewisser Herr
Alois Huber beschwert sich über das Hörspiel. Er sagt, er
möcht seinen Grüabigen haben, er möchte seine Ruh und
er möcht nichts mehr vom Kranzler wissen, der geht
ihm gar nichts an, er möchte lieber ein großes histori-
sches Schauspiel oder dergleichen. Ich stehe aber auf dem
Standpunkte, daß der Kranzler uns mehr interessiert als
der Herr Huber. Er soll halt sein Radio ausschalten, aber
nicht vergessen, seine Antenne zu erden. Meine Damen
und Herren! Wenn ich das dem Herrn Kranzler erzählen
würde, was der Herr Huber über ihn denkt, so würde er
sagen – – –

KRANZLER – – – daß es mir ganz wurscht ist, was der Huber über mich denkt.

SPRECHER Sehr richtig!

FRÄULEIN KLISCH Bravo!

KRANZLER Sehens Fräulein, das freut mich aber sehr, daß
Ihnen das auch wurscht ist.

FRÄULEIN Das freut mich auch, aber lassens mich jetzt
arbeiten.

(Schreibmaschine)

KRANZLER (rechnet) Addiert … 5; 7; 3; 4; 8 usw.

(es schlägt vier)

KRANZLER Jetzt ist schluß und gar. Fräulein, kommens mit.

FRÄULEIN Leider kann ich nicht mit, denn ich muß noch Überstunden machen. Ich muß noch da bleiben.

KRANZLER Treffen wir uns halt später. Um acht Uhr.

FRÄULEIN (lacht)

KRANZLER Um acht Uhr also. Unter der Uhr.

FRÄULEIN Unter der Uhr. Wohin gehen wir denn?

KRANZLER Das werden wir schon sehen. Also auf Wiedersehen!

FRÄULEIN (lacht)

EINE STIMME Fräulein Klisch zum Chef! Diktat!

FRÄULEIN Auf Wiedersehen!

KRANZLER (für sich) Ein nettes Mädchen ist das, ich hab schon lang jetzt eins gesucht, wenn man so allein in der Stadt ist, dann ist die Stadt noch öder. – – Ich muß mir nur noch meine Wäsche holen, weil ich einen neuen Kragen dazu brauch. Wir gehen am besten in das Konzertcafe, da kann man auch tanzen und es ist gemütlich – – hoffentlich wird sie sich ihre Zeche selbst zahlen, ich hab ja jetzt nur noch sechzehn Mark.

PRÄSIDENT (läutet energisch) Kommen Sie endlich zur Sache, Herr Kranzler! Es interessiert uns nicht, ob Sie einen reinen Kragen benötigten, Sie wollten uns doch erzählen, daß auch die heutige Jugend eine Seele bei der Liebe hat! Also bitte!

KRANZLER Ja, also wir haben uns um achte getroffen, sie war sehr pünktlich.

FRÄULEIN Das bin ich immer.

KRANZLER Ich freu mich sehr, daß Sie gekommen sind, ich hab nämlich gar kein Talent, fremde Frauen anzusprechen.

FRÄULEIN Geh, gehns zu!

KRANZLER Und dann freu ich mich, daß wir jetzt tanzen gehen. Ich hab nämlich gerad Geburtstag.

FRÄULEIN Ah!

KRANZLER Wichtig ist es ja eigentlich nicht, daß man geboren wird.

FRÄULEIN Für einen anderen aber kanns manchmal wichtig sein.

(Stille)

FRÄULEIN Wohin gehen wir denn?

KRANZLER Ins Miramar.

FRÄULEIN Können Sie gut tanzen?

KRANZLER So halb.

(Stille)

FRÄULEIN Wie alt sind Sie heut eigentlich?

KRANZLER Siebenundzwanzig.

FRÄULEIN Ich bin erst dreiundzwanzig.

KRANZLER Das ist ein schönes Alter.

FRÄULEIN Für die Frau vielleicht das schönste.

(Stille)

FRÄULEIN Der Chef ist ein mieser Mensch.

KRANZLER Das ist was Altes.

FRÄULEIN Ich glaub, er ist ein Lebemann.

KRANZLER Er sieht manchmal so aus. Jetzt müssen wir da links.

(Stille)

FRÄULEIN Der große Verkehr. In der Zeitung steht, jeder hat sein Auto.

KRANZLER Ich nicht.

FRÄULEIN Ich auch nicht.

KRANZLER Die Technik entwickelt sich kolossal. Neulich hat einer den künstlichen Menschen erfunden.

FRÄULEIN Es gibt viel künstliche Menschen.

KRANZLER Im wahren Sinne des Wortes: Ja.

(Stille)

FRÄULEIN Es hat aber immer schon künstliche Menschen gegeben.

KRANZLER Früher mehr wie heut.

FRÄULEIN Glauben Sie an die Zukunft?

KRANZLER Ich schau nur in die Zukunft.

FRÄULEIN Und was sehens denn dort?

KRANZLER Etwas Werdendes.

(Stille)

(Tanzmusik)

KRANZLER Die Garderob müssen wir nicht abgeben.

KELLNER Wo setzen sich die Herrschaften?

Stunde der Liebe
[Vorstufe, Fragment]

Meine Damen und meine Herren!

Ich heiße mit dem Vornamen Albert und habe mich entschlossen, Ihnen etwas aus meinem Liebesleben zu erzählen. Das ist nicht gerade einfach.

Wenn man nämlich bekanntlich das Wort Liebe in den Mund nimmt, dann muß man vorsichtig werden. Und zwar automatisch, weil nämlich die Liebe etwas überaus Hinterlistiges ist, da man sie mit dem puren Intellekt nirgends festnageln kann. Ich denke jetzt natürlich keineswegs an die niederen Funktionen des reinen Sexualtriebes an sich, sondern im Gegenteil. So viel als Einleitung.

Denn ich werde nun nicht so fortfahren im Theoretischen – ich will jetzt alle Formulierungen hinter mir lassen. Das, worüber ich jetzt reden werde, ist etwas rein Privates von mir – als Bühnenkünstler bin ich mir nämlich dessen bewußt, daß auf die werten Damen und Herren nur das wirkt, was man sich aus der eigenen Seele reißt. Ein Fetzen Fleisch, mit Herzblut getränkt und so.

Allerdings verfolge ich mit der Erörterung des absoluten Privaten an mir eine allgemein gültige Tendenz. Ich muß das betonen, damit keine Verwechslungen entstehen. Umsomehr, da ich nun nichts mehr von Tendenz reden möchte, weil ich das Ding an sich wirken lassen möchte. Und das wird es auch und zwar garantiert!

Also.

Kennen Sie das Fräulein Pollinger? Ich kenne es, das heißt, eigentlich habe ich es mal besser gekannt. Intimer. Jetzt treff ich es nur ab und zu. Wenn es mich an die Stätten der Vergangenheit zieht.

Damals – damals war ich noch in meiner bayrischen Heimat. Es wollte gerade Frühling werden und es war ein großes Wallen in der ganzen Natur. Damals lernten wir uns schätzen, aber ich will das alles lieber in einer Märchenform bringen, also:

Es war einmal ein Fräulein, das fiel bei den besseren Herren nirgends besonders auf. Hingegen durfte sie ab und zu auf einem Motorrad hinten mitfahren, aber dafür erwartete man meistens etwas von ihr. Sie war auch trotz allem sehr gutmütig und verschloß sich den Herren nicht. Oft liebte sie zwar gerade diesen ihren einen nicht, aber es ruhte sie aus, wenn sie neben einem Herren sitzen konnte. Das hatte ihr das Leben bereits beigebracht. Es war ja fast alles in ihrem Leben einerlei, nur selten dachte sie intensiver an sich.

Einmal ging sie mit einem Herren beinahe über ein Jahr. Dieser Herr war ich. Ende Oktober sagte sie: Wenn ich von dir ein Kind bekommen tät, das wär das größte Unglück, dann erschrak sie über ihre Worte. Warum weinst du, fragte ich, und hatte dabei das Gefühl, als könnte ich hypnotisieren. Ich habe es nicht gern, wenn du weinst. Heuer fällt Allerheiligen auf einen Samstag, das gibt einen Doppelfeiertag und wir machen eine Bergtour, und ich setzte ihr auseinander, daß die Erschütterungen beim Abwärtssteigen sehr gut dafür wären, daß sie kein Kind kriegt.

Ich stieg dann mit ihr auf einen bekannten Ausflugsgipfel in der ferneren Umgebung, 2037 m hoch über dem fernen Meer. Als wir auf dem Gipfel standen, war es schon ganz Nacht, aber droben hingen die Sterne. Unten im Tal lag der Nebel und stieg langsam zu uns empor. Es war sehr still auf der Welt und plötzlich sagte meine Partnerin: Der Nebel schaut aus, als würden darin die ungeborenen Seelen herumfliegen, aber ich ging auf diese Tonart nicht ein, weil es keinen ersichtlichen Grund gehabt hätte.

Seit dieser Bergtour hatte sie oft eine kränkliche Farbe.

Sie wurde auch nie wieder ganz gesund, und ab und zu tut es ihr im Unterleib schon ganz verrückt weh, aber sie trägt mir das nicht nach, sie ist eben eine starke Natur. Es gibt so Leute, die man nicht umbringen kann und wenn sie nicht gestorben ist, dann lebt sie heute noch.

So weit das Märchen. Ja ich bin ein geschlagener Mann. Man hat es nicht leicht als Herr. Ob ich überhaupt jemals die Liebe find, ob es überhaupt eine Liebe gibt, verstehen Sie nicht, was ich unter Liebe versteh.

Zum Beispiel jene Dame dort am dritten Tisch links, die habe ich auch schon mal gehabt, sie heißt Frau Schneider und wohnt in der Mauerkircherstr. 8 und dort rechts die Dame, das ist die Schwester einer Frau, deren Mutter sich in mich verliebt hat. Die hat immer zu mir gesagt: Albert, Sie sind kein Frauenkenner, Sie sind halt noch zu jung, sonst würden Sie sich ganz anders benehmen. Sie stoßen mich ja direkt von sich. Ich hab schon mit meinem Mann so viel durchzumachen gehabt, Sie sind eben kein Psychologe. Aber ich bin ein Psychologe, weil ich sie gerade von mir stoßen wollte. Ihr Mann ist ein ehemaliger Artilleriehauptmann. Mit einem anderen ehemaligen Artilleriehauptmann bin ich sehr befreundet, und der ist mal zu mir gekommen und hat gesagt: Hand aufs Herz, lieber Albert, es ist doch den Tatsachen entsprechend, daß du mich mit meiner Frau betrügst. Ich habe gesagt: Hand aufs Herz, es ist wahr. Hierauf wurde er plötzlich gerührt. Ich danke dir, lieber Albert, hat er gesagt, und dann hat er mir auseinandergesetzt, daß ich ja nichts dafür könnte, denn er wüßte es genau, daß der Mann nur der scheinbar aktive, aber eigentlich passive, während die Frau der scheinbar passive, aber eigentlich aktive Teil wäre. Das war schon immer so, hat er gesagt, zu allen Zeiten und bei allen Völkern. Das wird auch nicht anders, denn es muß so sein. (er sieht auf seine Uhr)

Stunde der Liebe
Sieben Szenen für Rundfunk
[Reinschrift]

Mitwirkende:

Sprecher
Das erste Paar im Englischen Garten
Das zweite Paar im Englischen Garten
Eine schrille Stimme
Ein Kellner
Der Akademiker und sein Mädchen
Herr Lindt und seine Stenotypistin
Der Baron und die mondäne Dame
Die Dame an der Kasse
Die Platzanweiserin
Herr und Frau Kommerzienrat Kranzler
Der Herr Reithofer und das Fräulein Anna
Nero

Konzertcafé-, Tanz- und Kinomusik.

Erste Szene

SPRECHER Meine Damen und Herren! Gestatten Sie mir
bitte nur wenige einleitende Worte! Die Übertragung unserer Stunde der Liebe wird uns nur möglich durch eine
sensationelle radiotechnische Erfindung, die es uns eben
ermöglicht, jeden Menschen, wo wir nur wollen, zu belauschen – – und zwar, ohne daß dieser Mensch auch
nur den leisesten Verdacht verspüren könnte, daß er belauscht wird. Nun hätte es vielleicht einen gewissen Reiz,
Ihnen auf diese Weise unsere geistigen Größen vorzufüh-
ren, doch denken wir, daß es wahrscheinlich ergötzlicher

sein dürfte, Ihnen die Menschen in jener Situation zu zeigen, in der jeder einzelne allgemein interessieren dürfte, und zwar ohne Rücksicht auf Klasse und Religion.

So bin ich nun beauftragt, jetzt durch unsere Stadt zu schlendern und falls mir zwo Menschen als ein Liebespaar dünken, meinen Apparat einfach einzuschalten. Ich und die Deutsche Stunde in Bayern sind uns natürlich dessen bewußt, daß unser Vorgehen nicht gerade besonders vornehm ist, aber im Dienste der Technik müssen wir auf derartige Sentimentalitäten pfeifen, denn einmal müssen wir halt unseren Apparat ausprobieren. Also bitte folgen Sie mir, ich bin jetzt in der Galeriestraße und gehe Richtung Englischer Garten. Die Nacht ist mild und fein, und so besteht begründeter Verdacht, daß wir im Englischen Garten am zuverlässigsten ein richtiges Liebespaar treffen werden. Nun bin ich im Garten. Drüben rechts steht eine helle Bank, die ist natürlich leer, aber dahinter sehe ich eine dunkle und die ist natürlich besetzt – – Himmel, ist das aber dunkel! Bitte, wir müssen nun leiser sprechen – – (leise) Einen Augenblick noch, ich schalte gleich ein – – (er flüstert) Bitte geben Sie acht!
(Stille)

ER Das ist natürlich alles ganz anders.

SIE Das sagst du immer.

ER Natürlich sag ich das immer. Aber du verstehst mich halt nie.

SIE Doch. Ich versteh dich genau. Ich versteh dich sicher besser als du.

ER Dich?

SIE Als du dich selbst.

ER (lacht gewollt)

SIE Lach nicht!
(Stille)

ER Es geht so nicht mehr weiter.

SIE Dann mach doch endlich Schluß.

ER Gut! Jetzt mach ich Schluß!

(Stille)

SIE Sei nicht boshaft, bitte.

ER Es ist Schluß. Es hat keinen Sinn mehr. Ich weiß ja garnicht, was du von mir willst?! Ich bin ein Mann und sonst
nichts! Und du bist eine Frau und sonst nichts! Und wir
beide sind Menschen und sonst nichts!

SIE Du bist kein Mensch.

ER Sondern? Vielleicht gar ein Aff?

SIE Du hast keine Seele, Anton.

ER Eine solche Seele hab ich allerdings nicht, wie Du sie von
mir haben willst! Das wär ja der reinste Selbstmord! Be-
denk doch nur meine wirtschaftliche Lage!

SIE Ich glaub, wir reden aneinander vorbei.

ER Das soll mich freuen! Ich möchte nur noch bemerkt
haben, daß ich nicht daran denke, eine Familie zu gründen! Schlag dir das aus dem Kopf bitte! Es laufen doch eh
schon zuviel Kinder herum, wo wir doch unsere Kolonien
verloren haben! Daß du das nicht verstehen willst!

SIE Es ist halt schwer – –

ER Also!

(Stille)

SIE (wimmert)

ER Warum weinst du jetzt? Ich hab es nicht gern, daß du
weinst!

SIE Ich bin halt dumm – –

ER Na endlich! Komm, werd vernünftig – – wir passen
doch so gut zusammen – – – –

(Gong)

Zweite Szene

SPRECHER Also das war weniger erquicklich, aber der Apparat funktioniert ausgezeichnet – – Halt! Da seh ich schon wieder zwei Leut – – sie sitzen zwar auf keiner Bank, gehen langsam hin und her. Er selbst bleibt immer wieder stehen und redet heftig in sie hinein – – einen Moment!

(Stille)

SIE Jetzt hör doch endlich auf bitte!

ER Das sagst du leicht! Ich versteh es nur nicht, daß du mich nicht verstehst!

SIE Es bleibt dabei.

ER Aber warum denn nur? Sags mir doch nur, warum denn nur?! Hab ich dir etwa etwas getan? Dann bitt ich dich natürlich sofort um Verzeihung!

SIE So quäl mich doch nicht!

ER Aber du quälst doch mich! Vorgestern haben wir uns noch getroffen und ich war so froh, dich gefunden zu haben – – Du weißt, ich hab hier keine Seele, weil ich aus Augsburg komm – – und jetzt sagst du mir ganz einfach, es ist aus. Eher hätt ich gedacht, daß die Welt zusammenstürzt, als wie daß ich von dir heut noch sowas zu hören bekomm! Warum? Und bitte warum? Warum willst du mich denn nicht mehr wiedersehen?!

SIE Laß mich!

ER Fällt mir nicht ein!

SIE So laß mich doch!

ER Nein!

(Stille)

SIE (leise) Bitte – – ich hab so Angst – –

ER Vor was denn bitte?

SIE Vor dir.

ER Vor mir?

SIE Und vor mir.

ER Also das versteh ich schon garnicht! So wie wir zwei stehen – –

SIE (unterbricht ihn) Franz! Soll ich dir was Wichtiges beichten?

ER Wieso?

SIE (sehr leise) Franz. Es gehört sich doch, daß man ehrlich ist – –

ER Natürlich gehört sich das!

SIE (sehr leise) Aber es fällt mir so schwer, dir das zu sagen – –: Ich hab dich eigentlich nicht sehr lieb gehabt, und jetzt hab ich halt Angst, daß ich mich sehr in dich verlieben könnt – –

ER (leise) Und warum willst du das nicht?

SIE (ebenso) Weil das nur eine Gefühlsroheit von euch Männer ist.

ER So probiers doch mal – –

SIE Ich habs schon probiert.
(Stille)

ER Du hast mich also gar nicht geliebt, wie du sagst.

SIE Nein, Franz.

ER Und du meinst fernerhin wohl, daß ich mir das jetzt sehr zu Herzen nehmen werde?

SIE Vielleicht – –

ER (schreit sie an) Das ist zuviel! Man hat halt auch noch seine Ehre! Adieu! (er läßt sie stehen)
(Stille)

SIE (ruft ihm nach) Franz! Franz!

ER (aus einiger Entfernung) Was gibts denn?!

SIE So lauf doch nicht so radikal weg! Sei doch nicht so gefühlsroh!

ER Also komm!

SIE Ich komm schon!
(Gong)

Dritte Szene

(Musik aus einem Konzertcafé und zwar eine Potpourri rheinischer Lieder. Zuerst schwach, dann immer lauter)

EINE SCHRILLE STIMME Hallo! Was soll denn das?!

SPRECHER Wieso?

DIE SCHRILLE STIMME Ich höre Musik! Wo sind Sie denn jetzt?

SPRECHER Das ist sehr einfach. Ich bin jetzt in einem Konzertcafé. Ich muß nämlich nur mal rasch etwas – –

DER KELLNER (unterbricht ihn) Der Herr wünschen?

SPRECHER Kaffee.

DER KELLNER Tasse oder Kännchen?

SPRECHER Tasse.

DER KELLNER Auch etwas Kuchen?

SPRECHER Danke nein! Ich hab nichts übrig für Süßigkeiten, Herr Ober! Sagen Sie mal: Wer sind denn die beiden verliebten jungen Leut?

DER KELLNER Wo?

SPRECHER Dort drüben in der Nische.

DER KELLNER Dort? Das ist ein Akademiker.

SPRECHER Und wer ist sie?

DER KELLNER Was weiß ich! (er läßt ihn stehen)

SPRECHER Das [ist] aber ein unfreundlicher Mensch! Überhaupt werden die Leut anscheinend immer unfreundlicher – – also schalten wir mal ein, damit wir auf lustigere Gedanken kommen – – das Mädchen mit dem Akademiker lacht ja in einer Tour – – Achtung bitte!

SIE (lacht)

DER AKADEMIKER (lispelt) Noch einer! Kennen Sie den? Was ist der Unterschied zwischen einem Bechsteinflügel und einer Konservenbüchse?

SIE Das weiß ich nicht.

DER AKADEMIKER Ich auch nicht.

BEIDE (lachen)

DER AKADEMIKER Prima, was?

SIE Sehr! Und Sie könnens einem so gut sagen, Herr Lallinger!

DER AKADEMIKER Ich hab auch ein ausgesprochenes Erzählertalent!

SIE Was studierens denn eigentlich? Medizin?

DER AKADEMIKER Nein, Rechte.

SIE Sie können einen so durchdringend anschauen – –

DER AKADEMIKER Unerbittlich, nicht?

SIE Es geht direkt durch und durch – –

DER AKADEMIKER Heutzutag muß auch der Richter ein ausgesprochener Psychologe sein. Ich bin einer und wahrscheinlich dürfte dies auch der tiefere Grund sein, daß ich so ausgesprochen stark auf Frauen wirke.

SIE Das tun Sie auch, Herr Lallinger.

DER AKADEMIKER Ich sage tatsächlich die Wahrheit. Ich kenne die Frauen. Ich habe einen Monatswechsel von sechshundert Reichsmark.

SIE Wieviel?

DER AKADEMIKER Sechshundert.

SIE Ah!

(kurze Stille)

DER AKADEMIKER Darf ich? Sehr zum Wohl!

SIE Prost!

SPRECHER Zahlen! Zahlen, Herr Ober!

DER KELLNER Eine Tasse Kaffee vierzig Pfennig ohne.

SPRECHER Fünfzig mit.

(Musik bricht plötzlich ab)

Vierte Szene

(Gong)

SPRECHER Meine Damen und Herren! Ich bin jetzt in der Schraudolfstraße und die ist bereits ziemlich leer – – drüben im zweiten Stock sitzt ein Fräulein an der Schreibmaschine, man sieht ihre Silhouette durch den Vorhang – – und dann ist noch ein Schatten da, der immer wieder verschwindet – – anscheinend geht da wer auf und ab und diktiert – – Einen Augenblick!

(Stille)

ER Haben Sies, Fräulein?

SIE Ja.

ER Weiter! Schreiben Sie, Fräulein! (er diktiert, man hört das Klappern der Schreibmaschine) Sehr geehrter Herr! Es ist natürlich völlig abwegig, daß Sie sich an den Staatsanwalt wenden wollen. Punkt. Ihre Drohung, unser Geschäftsgebaren als Betrug zu bezeichnen, löst bei uns lediglich ein mildes Lächeln aus. Punkt. Wenn wir Sie nicht wegen Verleumdung belangen, so nur deshalb nicht, weil wir als korrekte Kaufleute nichts mit der Staatsanwaltschaft zu tun haben wollen. Punkt. Mit vorzüglicher Hochachtung! – – Habens Sies, Fräulein?

SIE Ja.

ER (summt den armen Gigolo)

SIE Kann ich jetzt gehen, Herr Lindt?

ER Moment! (er summt plötzlich nicht mehr)
(Stille)

SIE (schreit plötzlich) Herr Lindt!

ER (aus einiger Entfernung) Wie bitte?

SIE Was machen Sie denn dort, Herr Lindt?

ER Sehen Sies denn nicht?

SIE Sie sperren die Türe zu – –

ER Und ziehe den Schlüssel ab.

SIE (entsetzt) Machen Sie augenblicklich die Türe auf!

ER Fällt mir nicht ein!

SIE So lassen Sie mich doch hinaus!

ER Zurück!

SIE Ich schrei, Herr Lindt, ich schrei – –

ER (unterbricht sie) Schreien Sie nicht! In Ihrem persönlichsten Interesse! (Stille) Nehmen Sie Platz, Fräulein!

SIE Warum sperren Sie die Türe zu – –?

ER Weil ich Ihnen nun ein Geheimnis diktieren werde – – Sie werden mich bald verstehen, Fräulein! Nehmen Sie Platz! So. Schreiben Sie! (er diktiert wieder, sie schreibt zögernd) Sehr geehrter Herr! Es hat keinen Sinn, wenn ich leugne. Punkt. Ich gebe es zu – – Komma! – – daß – – Haben Sies?

SIE Ja.

ER – – daß ich Sie im Laufe der letzten vier Wochen nach und nach bestohlen habe und zwar – –

SIE (schreibt plötzlich nicht mehr)

ER – – und zwar um einen Betrag in der Höhe von achtundvierzig Reichsmark.

SIE (fährt plötzlich auf) Sind Sie verrückt, Herr Lindt?!

ER (schreit sie an) Lügen Sie nicht! Ich weiß alles! Ganz und haargenau! Es sind achtundvierzig Mark! Ja oder nein?!

SIE Nein, nie!

ER (ändert plötzlich den Ton) Fräulein! Sie verkennen mich anscheinend – – wenn Sie es nun ehrlich eingestehen, daß Sie mich bestohlen haben, zeige ich Sie natürlich nicht an, denn ich kann es absolut verstehen, daß ein Mensch bei diesen schwierigen Zeiten mal der Versuchung unterliegt. Ich wiederhole: Wenn Sie es nun eingestehen, bleibt es unter uns.

(Stille)

ER Nun, Fräulein?

SIE (leise) Ja.

ER Und wieviel?

SIE Achtundvierzig.

ER Na, sehen Sie – – und nun sperren wir auch die Türe wieder auf, kurz und schmerzlos. Sie können gehen, Fräulein!

SIE Herr Lindt – –

ER Wie bitte?

SIE Ich danke Ihnen – –

ER (grinst) Machen Sie sich nicht lächerlich. Halten Sie mich nur ja nicht für weltfremd! Sie können nun allerdings gehen, aber ich vergaß zuvor: ein für allemal gehen – – für eine Verbrecherin hab ich natürlich keine Arbeit! Sie sind natürlich fristlos entlassen. Glotzen Sie mich doch nicht so an! Ja oder glaubten Sie gar etwa – –

SIE (unterbricht ihn) Ich habs ja nicht für mich getan!

ER Egal!

SIE Es war für wen andern!

ER Vielleicht für eine sterbende Mutter, was?

SIE Ich komm nicht aus mit dem Geld! Sie zahlen mir ja auch keine Überstunden, ich sitz ja fast jeden Tag bis in die Nacht hinein! Sie nützen mich aus, Sie stehlen! Sie stehlen!

ER Maul halten!

SIE Aber für Ihren Diebstahl gibts keinen Paragraph!

ER Kusch oder ich zeig Sie an, freche Person!

SIE Zeigen Sie mich an! Zeigen Sie mich nur an! (sie weint)

ER (nach einer Kunstpause) Fräulein. Sie verkennen mich schon wieder und zwar total. Ich war jetzt gerade sehr erregt. Es könnte mir natürlich nicht im Traum einfallen, Sie anzuzeigen und – – ich entlasse Sie auch nicht, wir sind ja miteinander eingearbeitet – – es hängt also lediglich von Ihnen ab – –

SIE Wieso?

ER Machen wir ein Kompromiß.

SIE Wieso?

ER Diskretion Ehrensache.

(Stille)

SIE Sie sind ein schlechter Mensch, Herr Lindt.

ER (grinst) Noch schlechter. Aber mit einem guten Kern.

SIE Ich glaub jetzt, Sie könnten auch über Leichen gehen – –

ER (grinst) Diskretion Ehrensache.

(Gong)

Fünfte Szene

(Tanzmusik)

SPRECHER Meine Damen und Herren! Nun folgen Sie mir
aber bitte auf die Spitze unserer gesellschaftlichen Pyra-
mide! Wir betreten das erste Lokal am Platze, draußen
parken rassige Limousinen, in den Garderoben hängen
kostbare Pelze, hier treffen wir die wirklich mondänen
Leute. Man tanzt, man trinkt, man ißt – – aber das sieht
alles so aus, als hätten es diese vornehmen Gäste nicht
nötig, als wären sie schon derart der Materie entwach-
sen – – Guten Abend, Herr Baron!

DER BARON Ah, guten Abend! Wie gehts Ihnen?

SPRECHER Danke! Und Ihnen, Herr Baron?

DER BARON Man lebt. Also auf Wiedersehen!

SPRECHER Auf Wiedersehen, Herr Baron! (Stille) Mit wem
sitzt er denn dort? Das [ist] aber eine gutaussehende Frau,
sie hat etwas Königliches an sich! – – Wollen mal hören!

DER BARON Gnädigste tanzen nicht gerne?

SIE Ich tanze eigentlich nur mit meinem Mann. Hören Sie,
Baron, mein Mann behauptet immer, er könnte niemals
eifersüchtig werden – – übrigens: Was halten Sie von meinem Mann?

138

DER BARON Offen gestanden nicht viel.

SIE Er ist fürchterlich zerfahren, ein armer Mensch und ein grenzenloser Optimist.

DER BARON Kennen Sie das neue Buch von van der Velde?

SIE Ja, leider.

DER BARON Wieso leider?

SIE Weil es desillusionierend wirkt.

DER BARON Es ist halt für das Volk – –

SIE (unterbricht ihn) Finden Sie? Ich finde, das Volk sollte nicht so stark belehrt werden, es ist eh schon viel zu sehr aufgeklärt, es wäre besser, wenn man das Volk auf einem niedrigeren Niveau halten würde – – Hören Sie nur diesen bezaubernden Tango!

DER BARON Den hab ich bereits in Paris gehört.

SIE Und ich in London.

(Pause)

DER BARON Du – –

SIE (unterbricht ihn) Attention!

DER BARON Jetzt kann uns keiner hören, unsere Nachbarn tanzen – –

SIE Und wie schlecht sie tanzen. Ein Skandal!

DER BARON Wann verreist er denn endlich?

SIE Wer?

DER BARON Er.

SIE Morgen.

DER BARON Du, weißt du, was das Höchste auf der Welt ist?

SIE Nun?

DER BARON Wenn man lieben darf.

SIE Und wenn man geliebt wird.

(Musik bricht plötzlich ab)

Sechste Szene

(Gong)

SPRECHER Meine Damen und Herren! Verzeihen Sie, daß ich unterbreche, aber es fällt mir gerade ein, daß wir doch auch unbedingt ein Kino besuchen müßten – – also darf ich Sie bitten, mir in das nächstgelegenste Kino zu folgen. Ich habe leider nur mehr wenig Zeit – –

DIE DAME AN DER KASSE Was wünscht der Herr für einen Platz?

SPRECHER Zu eins fünfzig. Was gibt man denn?

DIE DAME AN DER KASSE Madame wünscht keine Kinder.

SPRECHER Was ist denn das? Ein Lustspiel oder gar eine Tragödie?

DIE DAME AN DER KASSE Ein Gesellschaftsstück.

SPRECHER Aha! (er betritt den Zuschauerraum, die Musik spielt gerade einen Marsch)

DIE PLATZANWEISERIN Darf ich um die Karte bitten!

SPRECHER Hier.

DIE PLATZANWEISERIN Danke! Erster Platz – – bitte hierher, der Herr!

SPRECHER Was läuft denn jetzt?

DIE PLATZANWEISERIN Die Wochenschau.

SPRECHER Es ist so dunkel – –

DIE PLATZANWEISERIN Hier bitte! – – bitte die Herrschaften links nachrücken! Links nachrücken bitte!

EINE MÄNNLICHE STIMME Na, Donnerwetter!

SPRECHER Hoppla!

DIE MÄNNLICHE STIMME So geben Sie doch gefälligst acht!

SPRECHER Pardon!

RUFE Setzen! Setzen!

(Die Kapelle spielt nun die Träumerei von Schumann)

DIE MÄNNLICHE STIMME (grimmig) Der Kerl ist mir auf das Hühnerauge getreten – – entsetzlich!

SIE (unterdrückt) Er hat sich doch entschuldigt.

ER Natürlich, aber natürlich – – Du nimmst immer die anderen in Schutz!

SIE Fang nur nicht wieder an!

ER Ob mir wer weh tut, ist dir egal.

SIE Du bist immer gleich so grob.

ER Hör auf!

SIE Nein!

ER Ja!

SIE Fällt mir nicht ein!

ER Ich bin ins Kino gegangen, um nichts zu hören! Wir haben nun glücklich dreißig Jahre gestritten – –

SIE Schweig! Die Leut schaun schon!

ER Was gehen mich die Leut an! Einmal wirds mir zu dumm! Auch der Wurm krümmt sich, wenn er getreten wird! Au!

SIE Wirst du jetzt aufhören? Wirst du?

ER Au! So kneif mich doch nicht in den Arm! – – Na, warte!

SIE Ich warte.

(Gong)

Siebente Szene

SPRECHER Ich habe es nun soeben erfahren, daß dieses glückliche Ehepaar Herr und Frau Kommerzienrat Kranzler heißt – –

DIE SCHRILLE STIMME Woher wissen Sie das?

SPRECHER Von einem gewissen Herrn Reithofer. Fragen Sie ihn nur selbst!

DIE SCHRILLE STIMME Stimmt das, Herr Reithofer?

HERR REITHOFER (er spricht gewollt hochdeutsch) Das stimmt sogar sehr. Ich bin nämlich mit der Anna, das ist

der Frau Kommerzienrat ihr Dienstmädchen, ziemlich
gut bekannt. Wir treffen uns ab und zu um diese Zeit, weil
sie da den Nero auf die Straße führen muß. Und dann tun
wir etwas plaudern über alles mögliche – –
(kurze Stille)

ANNA (ruft) Nero! Nero! – – Ja, wo ist er denn jetzt schon
wieder der Nero?! Nero!

HERR REITHOFER (ruft) Nero! Nero!

ANNA Nero! Nero!

HERR REITHOFER Nero! Nero! Das ist Dir so ein Saukopf,
dieser Nero! – – Da kommt er jetzt endlich!

ANNA Ja, wo warst du denn schon wieder, Nero? Komm
nur mal her, Nero! Willst du jetzt gleich artig sein – –

HERR REITHOFER (unterbricht sie) Sie dürfen ihn nicht
schlagen, Fräulein Anna! Er kann ja nichts dafür. Das ist
halt der Frühling.

ANNA Aber an die Leine kommst du jetzt, Nero!
(Stille)

HERR REITHOFER Habens heut etwas länger Zeit?

ANNA Ein bisserl länger. Die Herrschaft ist heut abends ins
Kino. Sie haben sich wieder den ganzen Tag gestritten.

HERR REITHOFER Er soll ihr halt mal eine richtige aufs
Maul geben!

ANNA Wenn ers nur tät!

NERO (knurrt)

HERR REITHOFER Ist er bös, der Nero?

ANNA Wenn Sie mich anrühren, beißt er Sie.

HERR REITHOFER Woher wissen Sie denn, daß ich Sie anrühren möcht?

ANNA (lacht)

HERR REITHOFER Aber Sie habens erraten!

NERO (knurrt)

HERR REITHOFER Halts Maul, Mistvieh! Ich werd doch
deiner Herrin ihren Arm noch berühren dürfen!

NERO (bellt)

ANNA Kusch, Nero! So sei doch still! Und Sie hängen sich da wieder aus, ich kann auch allein gehen!

(Stille)

HERR REITHOFER Manchmal ist das Alleinsein sehr schwer.

ANNA Ich bin oft ganz gern allein.

(Stille)

HERR REITHOFER Ich stell mir vor, daß das Verheiratetsein auch schon sehr schwer ist, aber das Alleinsein ist halt oft noch viel schwerer.

ANNA Geh, Herr Reithofer, warum sinds denn jetzt auf einmal so verstimmt.

HERR REITHOFER Das bin ich oft, auch aus dem heitersten Himmel. Aber ich bin ja garnicht verstimmt. Ich bin nur melancholisch.

ANNA Sie reden halt zuviel mit sich.

HERR REITHOFER Weil ich ein einsamer Mensch bin.

NERO (knurrt)

HERR REITHOFER Was ist denn der Nero da für eine Rass?

ANNA Eine rauhhaarige.

HERR REITHOFER Also das seh ich, daß er rauhe Haar hat. Aber ich mein, welcher Rasse daß der Nero angehört. Es gibt doch die verschiedensten Rassen, nicht?

ANNA Ja. Aber ich kanns Ihnen nicht genau sagen, es ist ein ausländischer Name.

(Stille)

HERR REITHOFER So einem reinrassigen Hund gehts oft besser, als wie uns Menschen. Wissens, Fräulein Anna, manchmal denk ich schon, daß es in unserer Zeit keine Liebe mehr gibt. Ich glaub schon manchmal, daß das ein direkter Fluch ist, daß ich niemanden find. Ich trag mich sogar schon mit dem Gedanken, daß ich demnächst heirat, trotz dieser ständig drohenden Arbeitslosigkeit.

ANNA Na, Sie werden schon eine finden!

HERR REITHOFER Ich hätt sogar schon eine, aber die will halt nichts von mir wissen und da werd ich halt direkt melancholisch.

ANNA Wer ist denn die?

HERR REITHOFER Sie.

ANNA Geh machens doch keine Witz!

HERR REITHOFER Ich mach keine Witz. Ich bin ernst.

ANNA Und Sie täten mich sogar heiraten?

HERR REITHOFER Wie gesagt.

NERO (knurrt und bellt)

HERR REITHOFER Also dieses Hundsvieh derschlag ich noch!

  (Stille)

ANNA (langsam) Herr Reithofer. Wer hat Ihnen denn das gesagt, daß ich nichts von Ihnen wissen möchte?

HERR REITHOFER (lächelt) Ich denk mirs halt.

ANNA Und warum denken Sie sich denn das?

HERR REITHOFER Weil ich halt mit der Zeit ein Pessimist geworden bin.

ANNA Aber Herr Reithofer!

NERO (bellt ganz fürchterlich)

  (Gong, Stille)

SPRECHER Meine Damen und Herren! Nun ist unsere Stunde der Liebe vorbei!

Filmexposés

Die Geschichte eines Mannes (N),
der mit seinem Gelde um ein Haar alles kann.
Ein Tonfilmentwurf

I.

Auf dem Lande. Es jährt sich zum ersten Mal der Todes-
tag des Großgrundbesitzers (Großbauern) T. Seine Witwe
hängt die Trauerkleider in den Schrank. Es ist Ende Februar
und noch Fasching.

Die Gutsangestellten veranstalten einen Kindermasken-
ball. Ein fremder Bursche (der Mann N) walzt vorbei, tritt
ein – – er ist ein Kindernarr. Er maskiert sich als Teufel und
wird der Liebling der Kinder.

Frau T lernt ihn kennen. Und lieben. Sie hat lange keinen
Mann mehr gehabt und er ist zwanzig Jahre jünger. Bald
wird er Inspektor. Dann nimmt er mit Frau T das Sakra-
ment der Ehe zu sich. Sie wird ihm von Tag zu Tag höriger.
Nur ab und zu steigt ihr verstorbener Gatte aus seinem
Grab.

N ist ihr aber nicht treu. Er läßt sich fast wahllos mit jeder
ein, nicht zuletzt deshalb, weil Frau T zwanzig Jahre älter ist.
Einmal überrascht sie ihn mit dem Küchenmädchen – – immer quält sie ihn mit ihrer Liebe, stört ihn mit ihrer Eifer-
sucht, usw. Bald haßt er sie. Nicht zuletzt deshalb, weil sie
das Geld hat.

Eines Tages erkältet sich Frau T, als sie ihm wieder mal
nachspioniert. Der Arzt meint, sie müsse sich vor Zugluft
hüten, sonst könnte es schlimm enden. N ist nun mit allen
Mitteln bedacht, Zugluft herzustellen. So wird er geräusch-
los und grotesk ihr Mörder.

Das Begräbnis. Das Küchenmädchen ist auch dabei.
Auch alle anderen Küchenmädchen. Es ist sehr feierlich.
Auch die bereits zwanzigjährige Tochter der Frau T ist

dabei, samt ihrem Bräutigam, einem Menschen, dem man es ansieht, daß er beim besten Willen kein Glück haben kann.

2.

Nach dem Begräbnis zieht N in die große Stadt. Mit viel Geld. Frau T hatte ihn als alleinigen Erben eingesetzt und ihre Tochter enterbt. Sie haßte nämlich ihre Tochter, da diese es mal versucht hatte, N in ihren Augen herabzusetzen. N hatte dieses Gespräch belauscht und haßte nun auch seine Stieftochter. Auch die Stieftochter hatte eine Auseinandersetzung über ihre Person zwischen Mutter und Stiefvater belauscht. Sie hatten sich alle gegenseitig behorcht, und kannten sich nun.

In der großen Stadt kauft sich N eine große Villa. Er hat Frauen, Freunde und Hunde. Er ist ein direkter Lebemann – – frißt, sauft, hurt und spielt. Hat Glück. Geht mit Zylinder und Frack.

Mittendrin ereilt ihn sein Schicksal. Er begegnet einem jungen Mädchen aus verarmter Familie, keusch, zurückhaltend usw. Sie ist ihm ganz ausgeliefert, weil er durch einen glücklichen Zufall von einer kleinen Unterschlagung ihrerseits (Portokasse) erfuhr. Er könnte sie jederzeit dem Staatsanwalt ausliefern, sie fürchtet ihn. Sie wird seine große Liebe.

Inzwischen sind aber Jahre vorbeigegangen und N wird infolgedessen älter. Er will es aber noch nicht merken. Seine Stieftochter besucht ihn überraschend. Sie hatte inzwischen geheiratet, dann ihren Mann verloren und ihr Vermögen. Sie ist Mutter – – ihr fünfjähriges Kind bringt sie nun mit zu N, überwindet sich des Kindes halber und bittet um Geld. Einen Augenblick erwacht in N der alte Kindernarr. Er gibt Geld, aber in einer derart protzig-beleidigenden Weise, daß sie es ablehnt. Hierüber ärgert er sich dermaßen, daß er sofort sein Testament verfertigt: Er vermacht sein ganzes Geld Waisenhäusern.

Und wieder wird er immer älter. Eines Abends geht er mit seiner großen Liebe auf den großen Ball in der großen Oper. Stimmung, Sekt, Laune. Ein Küchenmädchen (sein Küchenmädchen!) wird fristlos wegen einer Nichtigkeit entlassen. Der Ball ist ein gesellschaftliches Ereignis. Im Kühlraum hängen geschlachtete Tiere. Ein junger Mann interessiert sich für Ns große Liebe – – N spioniert den beiden nach und hört, wie die große Liebe ihn für einen alten Kerl erklärt, vor dem man das Grausen bekommen kann. Das trifft ihn, dessen Ideal der Sonnenkönig ist, derart ins Herz, daß ihn der Schlag trifft. Abtransport ins Krankenhaus bei Tanzmusik.

3.

N ist von nun ab gelähmt. Er hört und sieht alles, kann aber weder sprechen noch schreiben. Nur mit Hilfe eines kleinen Glöckleins kann er sich mühsam verständigen. Im Rollstuhl.

Die große Liebe ist weg. Was übrigblieb, sind Lakaien, die ihm nun seine Launen zurückzahlen. Mit Zinsen.

Die große Liebe ist an der Riviera und läßt sich kitschig photographieren.

Der Arzt sagt ihm, daß er noch lange leben wird, aber sein Chauffeur erklärt ihm, daß das nicht wahr sei. Der Arzt hätte ihm gesagt, er würde höchstens noch zwei Monate leben. Er würde keinen Schnee mehr sehen. Nur den blühenden Frühling noch.

N äußert den Wunsch, das Waisenhaus, dem er sein Geld vermachen will, zu besichtigen. Er wird hingefahren. Die Kinder spielen im Hof und nach der offiziellen Begrüßung läßt man ihn allein in seinem Rollstuhl bei den Kindern sitzen.

Die Kinder kommen näher an ihn heran, trauen sich aber nicht recht. Nur ein kleines Mädchen hat den Mut, sie tritt heran und läutet mit dem Glöckchen – – er starrt sie an und plötzlich wird es ihm bange: Es ist das Kind seiner Stieftochter, die da mit ihm spielen möchte.

Das Kind sieht ihn groß an und lacht. Dann wird es plötzlich ernst und betrachtet ihn durchdringend – – und unter diesem Kinderblick gehts zu Ende mit ihm. Er stirbt.

Brüderlein fein!
Ein Film aus der Biedermeierzeit
nach Motiven aus den Stücken
Ferdinand Raimunds

1.

Der reiche Schreiner und Baumeister Rappelkopf ist ein ungeheurer Menschenfeind, obwohl er eigentlich keinen rechten Grund dazu hat, aber sein mißtrauisches Wesen ist eben kaum mehr zu überbieten. Immer fühlt er sich belogen, betrogen, bestohlen – ja selbst seiner braven Tochter Maly traut er immer alles Schlechte zu und befürchtet auch immer nur allerhand Bosheiten von ihrer Seite.

2.

In der Nähe der kleinen Stadt, in welcher Rappelkopf lebt, haust auf seinem Schlosse der überaus reiche Herr von Flottwell, wie man so zu sagen pflegt »in Saus und Braus«. Maly hält es zu Hause nicht mehr aus und beschließt, mit ihrer Zofe Lieschen durchzubrennen und zu ihrem Geliebten nach Italien zu fahren. Die beiden brennen auch durch, Rappelkopf tobt, als er dies erfährt, und nun steigert sich sein mißtrauisches Wesen so sehr, daß er sich einbildet, seine Frau hege ein Mordkomplott gegen ihn. Er hatte nämlich seine Frau belauscht, als sie dem läppischen Diener Christian den Auftrag gab, eine Gans zu schlachten. Dabei hatte er es aber überhört, daß es sich um eine Gans dreht, und bezog dieses Abschlachten auf sich selbst. Heimlich rafft er nun all sein Geld zusammen und verläßt sein Haus.

3.

Maly und Lieschen fahren unterdessen in ihrer Kutsche auf ihrer Reise nach dem Süden durch einen wunderbaren Wald, und die beiden Mädchen beschließen, in einem Weiher am Waldrand ein Bad zu nehmen. Dabei werden sie von dem unwahrscheinlich reichen Edelmann Herrn von Flottwell überrascht, der gerade seiner Jagdleidenschaft frönt.

Er ist fasziniert von Maly und auch sein ihn begleitender Diener Habakuk ist begeistert von Lieschen. Herr und Diener streiten sich gerade, wer die Schönere sei und fangen unwillkürlich an, lauter zu sprechen, da werden sie von den beiden Mädchen erkannt, die erschreckt in ihre Kutsche flüchten und eiligst davonfahren.

4.

Herr von Flottwell und Habakuk ziehen etwas bedrückt auf ihr Schloß zurück, wo sie bereits von der großen Jagdgesellschaft erwartet werden. Flottwell ist dank seines Geldes von vielen »Freunden« umgeben, die ihn umschmeicheln und ausnutzen. Er selbst hatte sein Geld von seinem Vater geerbt, und seine Lebensphilosophie besteht darin, sein Leben großartig zu genießen. Er hat keine Beziehung zum Geld und betrachtet sich von seinem Glück herausgefordert, ein Verschwender im wahren Sinne des Wortes.

Aber er ist sich dessen auch bewußt, daß aller Wahrscheinlichkeit nach solch ein leichtsinniger Lebenswandel bereits auf Erden seine Sühne finden muß, und aus diesen Erwägungen heraus bildet er es sich ein, daß ihn nur eine Frau retten könnte, aber es müßte die rechte sein. Und nun bildet er sich weiter ein, diese rechte wäre Maly. Er läßt überall nach ihr forschen und sendet sofort berittene Kuriere in der Richtung, die die Kutsche Malys genommen hatte. Sie finden jedoch Maly nicht, denn sie ist bereits umgekehrt und zwar aus folgendem Grund:

5.

Maly hatte noch am selben Abend in einem Wirtshaus, in dem sie mit Lieschen übernachten wollte, einen Postkurier getroffen, der, wie er bei der Anmeldung ihren Namen hörte, ihr einen Brief ihres Kunstmalers übergab, mit dem er unterwegs zu ihr war. In dem Brief steht unter schönen Redensarten die Mitteilung, daß er soeben in Italien geheiratet habe. Maly ist außer sich vor Verzweiflung und fährt mit Lieschen im schnellsten Tempo zurück.

6.

Zu Hause angelangt erfährt sie, daß der Vater mit dem Gelde verschwunden ist und daß also nun ihre Mutter und sie bitterste Not erwartet. Auch Lieschen muß sich nun von Maly trennen.

7.

Rappelkopf hatte sich mit seinem Gelde in eine wilde Bergeinsamkeit zurückgezogen und lebt dort als grimmiger Menschenfeind.

8.

Frau Rappelkopf und Maly ziehen in die große Stadt, mieten sich ein kleines Zimmer, und in all dem Unglück hat Maly noch insofern Glück, daß sie durch ihre zierliche Naturstimme als kleine Sängerin ans Stadttheater engagiert wird.

9.

Lieschen bekommt durch einen Zufall einen Posten auf des Herrn von Flottwells Schloß – der Diener Habakuk erkennt sie wieder und teilt dies sofort seinem Herrn mit, der gerade an einem großen Gelage beteiligt ist. Herr von Flottwell erkundigt sich sofort überaus aufgeregt nach dem Wohnsitz Malys, aber Lieschen kann ihm keine Auskunft geben. Er erfährt nur durch sie, wer Maly ist und auch einiges über ihr Schicksal.

Lieschen und Habakuk kommen sich immer näher.

10.

Maly tritt nun fast jeden Abend im Theater auf, denn sie ist allmählich ein Liebling des Publikums geworden. Eines Abends besucht Herr von Flottwell das Theater, erkennt in der Sängerin seine langgesuchte und herbeigesehnte Maly, stürzt in der Pause in die Garderobe und erklärt ihr seine Liebe. Maly ist etwas verwirrt, aber sie merkt es dennoch gleich, daß er ihr sehr gefällt. Sie verabreden, daß sie nach dem Theater zusammen essen wollen. Die Garderobiere macht vor Herrn von Flottwell einen Hofknicks, so sehr ist sie durch sein vieles Geld beeindruckt.

Herr von Flottwell möchte gerade in seine Loge zurück, die Vorstellung hat schon wieder begonnen, da muß er in der Logentür von dem vor Aufregung außer sich geratenen Habakuk erfahren, daß er sein ganzes Geld, das er leichtsinnigerweise in Unternehmungen seiner »Freunde« gesteckt hatte, verloren hat, und daß er also nun ein bettelarmer Mensch ist.

Herr von Flottwell ist sehr erschüttert und besonders darüber, daß ihm dieses Unglück gerade in dem Augenblick hat zustoßen müssen, da er die für ihn richtige Frau gefunden zu haben meinte. Er verläßt auch sofort das Theater und läßt sich bei Maly entschuldigen, denn er kann sie ja nicht einmal mehr zu einem Abendessen einladen.

11.

Rappelkopf haust inzwischen noch immer in seiner Bergeinsamkeit und behütet in seiner Hütte, die er seinerzeit einer armen Familie abgekauft hatte, sein Geld. Immer wieder vermutet er Einbrecher und Mörder und brüllt dann zum Fenster heraus um Hilfe, so daß die Bauern aus dem nahe gelegenen Dorf eiligst herbeilaufen. Diese Szenen wiederholen sich immer wieder, und immer wieder stellt es sich heraus, daß die Einbrecher und Mörder nur in Rappelkopfs Phantasie vorhanden waren. Und allmählich denken natürlich die Bauern garnicht mehr daran, dem hilfebrüllenden Rappelkopf zu helfen, sondern rühren sich nicht von ihren Feldern und lachen ihn nur aus.

Eines Tages dringen aber wirklich Einbrecher bei Rappelkopf ein und rauben ihm seinen Schatz. Wieder brüllt er um Hilfe, aber es rührt sich niemand. Da verdammt und verflucht er alle diese Menschen, die ihm nicht geholfen haben und muß nun wohl oder übel seine Hütte verlassen, in die Stadt ziehen und dort versuchen, sich irgendwie durchzuschlagen.

12.

Auf der Landstraße trifft er nach einigen grotesken Abenteuern Herrn von Flottwell, der nun ebenso wie er als ein Landstreicher durch die Welt zieht und auch bereits seine Abenteuer hinter sich hat. Sie ziehen gemeinsam weiter und Flottwell erzählt ihm von seiner großen Liebe zu einer berühmten Sängerin. Rappelkopf lacht ihn nur höhnisch aus.

13

Bei ihren Wanderungen kommen sie auch an dem Schloß, das ehemals Herrn von Flottwell gehörte, vorbei. Es stellt sich nun heraus, daß der derzeitige Schloßbesitzer der Diener Habakuk und die derzeitige Schloßherrin Lieschen ist. Flottwell und Rappelkopf erfahren dies aber erst, nachdem sie auf Bettlerart je einen Teller Suppe erhalten haben. Es kommt zu einem Wiedersehen mit den ehemaligen Bediensteten, das aber von beiden Seiten mit großer Reserve vor sich geht.

14.

Eines Tages kommen die beiden Landstreicher auch wieder in die große Stadt. Hier entdeckt Flottwell auf einem Theaterplakat den Namen seiner Maly. Sie spielt die »Jugend« in Raimunds »Bauer als Millionär«. Er überredete Rappelkopf, mit ihm zusammen die Vorstellung zu besuchen, hoch droben auf dem letzten Stehplatz – endlich willigt Rappelkopf ein, er hat natürlich noch keine Ahnung, daß die »Jugend« seine Tochter ist.

Flottwell bettelt sich das Eintrittsgeld in raffinierter Weise zusammen.

15.

Abends im Theater befinden sich nun droben auf der höchsten Galerie Flottwell und Rappelkopf, der sich von der Vorstellung nicht viel verspricht. In der ehemaligen Stammloge Flottwells sitzen Habakuk und Lieschen. – Nun tritt Maly als »Jugend« auf und singt das Lied »Brüderlein fein« – da erkennt sie Rappelkopf und wird durch dieses unverhoffte Wiedersehen mit seiner Tochter und unter dem

Eindruck des Liedes plötzlich ein ganz weicher Mensch mit dem stärksten Verlangen, sich mit allen zu versöhnen und zu vertragen.

Flottwell muß nun auch zu seiner größten Überraschung erfahren, daß Maly Rappelkopfs Tochter ist.

16.

Nach der Vorstellung warten die beiden vor dem Bühneneingang, endlich kommt Maly heraus, sie wird bereits von vielen Kavalieren erwartet – erkennt aber sofort Flottwell trotz seines zerlumpten Äußern und eilt auf ihn zu. Auch sie hatte sich nämlich immer nach ihm gesehnt und überall nach ihm fragen lassen, ohne daß natürlich jemand ihr Auskunft über sein Verbleiben und Schicksal geben konnte. Auch mit Rappelkopf gibt es nun ein Wiedersehen, und die Szene endet mit einer großen Versöhnung.

17.

So ziehen die drei in Malys Wohnung, wo es auch ein Wiedersehen und eine Versöhnung mit Rappelkopfs Frau Sophie gibt. Maly beschließt, Flottwell und Rappelkopf schöne Kleider zu kaufen, was Flottwell nur nach längerem Zögern annimmt, und zwar nur deshalb, weil er an ihre wahre Liebe glaubt, die sie ihm dadurch bewiesen hatte, daß sie ihn auch als Bettler gern mochte.

18.

Am nächsten Tage erfährt Rappelkopf durch einen Bauern, den er auf der Straße trifft, daß die Einbrecher, die ihm seinerzeit seine Schätze geraubt hatten, schon lange gefaßt worden sind, und daß auch sein Geld bis auf den letzten

Groschen im Polizeibüro nur darauf wartet, von ihm abgeholt zu werden. Rappelkopf ist überglücklich, holt sich das Geld und beschließt, mit Herrn Flottwell, seinem zukünftigen Schwiegersohn, ein neues Schreiner- und Baugeschäft zu errichten. »Jetzt baue ich euch ein Haus!« ruft er Flottwell und Maly zu.

19.

Unter den Klängen des »Brüderlein fein« steigt nun die Hochzeit zwischen Herrn von Flottwell und Maly Rappelkopf. Und wieder werden die beiden von Habakuk und Lieschen bedient, die ebenfalls ihr Geld wieder verloren haben, denn nichts hat Bestand auf der Welt, und Abschied muß genommen werden.

20.

Anmerkung: In diesem Film werden folgende Lieder verwendet:
»Brüderlein fein«
»Das Hobellied«
»Ach, wenn ich nur kein Mädchen wär«
»So leb denn wohl du stilles Haus«
»Ach, die Welt ist gar so freundlich, und das Leben ist so schön«
»Ein Aschen«

Ende

Ein Don Juan unserer Zeit
oder: Die Sage vom Don Juan in unserer Zeit

November 1918, der Krieg ist aus, die Soldaten kehren heim. In eine Baracke, in der ein Fronttheater spielt, tritt ein Offizier aus dem Schlamm des Grabens und bedankt sich bei der ältlichen Soubrette des bereits abreisenden Ensembles für das künstlerische Erlebnis, das sie ihm gewährte, als er sie auf der Bühne sah. Die Soubrette ist geschmeichelt, im Gegensatz zu ihren Kolleginnen, die den Mann für verrückt halten, und sie erkundigt sich bei ihm, in welchen Rollen er sie gesehen hätte. Der Offizier kann sich an die Rollen nicht mehr erinnern, denn er war inzwischen verschüttet, er weiß es nur, daß es eine Gesangspartie war und daß in dem Stück ein steinerner Reiter lebendig wurde. Es war die Oper »Don Juan« – – und erst als dieser Name fällt, fangen die übrigen Schauspielerinnen an, den merkwürdigen Offizier näher zu betrachten und sie müssen es sich gestehen, daß er sie ganz besonders interessieren könnte. Der Offizier bedankt sich nun auch bei der Soubrette für ihr Lächeln, das ihn an eine ferne Frau erinnert hätte, an seine einzige große Liebe, noch lange vor dem Kriege. Er kenne zwar gar nicht den richtigen Namen jener Frau, er sei nur eine einzige Nacht mit ihr zusammengewesen, aber schon damals hätte er mit einer gewissen Wehmut gefühlt, daß er diese Frau verlieren und daß keine sie ihm ersetzen könnte. Drum hätte er sich nun auch entschlossen, diese Frau zu suchen, er müsse sie finden und sollte er ewig suchen. – – So verläßt er das Grauen des Krieges und jagt mit dämonischer Wucht seiner Sehnsucht nach. Er ist der von einer großen Leidenschaft Ergriffene, die ihn nunmehr ausschließlich, einzig und allein, beherrschen soll. Er ist der Mann, der in dem Leben nur die Frau sieht, der sich aus dieser Frau ein Götterbild machte und dessen ganzes Sinnen und Trachten danach gerichtet ist, dieses Bild zu besitzen. Seine unerhörte Aktivität im Suchen und Sehnen nach »IHR« führt ihn zu einer Passivität gegenüber der einzelnen Frau, aber gerade diese Mischung in seinem Wesen reizt die Frauen, so daß sie ihm alle hemmungslos entgegenkommen. Er nimmt sie auch alle, denn bewußt oder unbewußt findet und sucht er in jeder einzelnen ein Teilchen seiner großen Liebe, und er hofft auch, vielleicht eine zweite große Liebe zu finden, die ihn von seiner unstillbaren Sehnsucht befreit, die ihn selbst zerstört. Aber nach jedem Liebeserlebnis fühlt er sich noch einsamer und sehnt sich nur noch stärker nach »IHR« – – Erst am Ende seines Lebens wird es ihm klar, daß er sich eigentlich nach dem Tode gesehnt hat. »Ein Don Juan«, meint die Soubrette, nachdem er die Baracke verlassen hat.

Er kommt in die Heimat zurück – – Revolution und Nachkriegswirren, Auflösung einer alten Moral, all dies berührt ihn nicht innerlich. Er betritt die Wohnung, in der er damals seine große Liebe fand, noch in der glücklichen Friedenszeit. Aber in der Wohnung wohnt eine andere Frau, eine Zahnärztin. Er findet sie nicht, seine Frau, niemand kann es ihm sagen, wo sie jetzt wohnt – – und er kann auch nicht weiterforschen, denn er kennt ja ihren Namen nicht. So irrt er nun scheinbar planlos durch die Straßen und lernt bei einer großen Frauenkundgebung gegen den Krieg ein Mädchen kennen, den Typus des »reinen Mädchens«. Sie will ihr junges Leben dem Kampfe gegen die Greuel des Krieges weihen, vernachlässigt jedoch ihre Ideale und Pflichten und kann Don Juan nicht widerstehen. Erschüttert durch seine Interesselosigkeit an ihren Idealen, wird sie von ihm verlassen, als sie nun dahinterkommt, daß er sie mit zahlreichen Frauen betrogen hat. Durch die Frauen bekommt er auch seinen Beruf: Sie protegieren ihn überallhin, obwohl ihm diese Art peinlich ist. Aber schließlich muß er doch leben, und dazu muß man Geld verdienen. Seine erste Stellung ist diejenige eines »gehobenen Kammerdieners« in einem Damentanz- und Spielklub der Inflation. Seine Anwesenheit jedoch genügt, um alle Mitglieder gegeneinander aufzubringen, jede ist auf jede eifersüchtig, trotz manchem männlichem Einschlag der einzelnen Damen, und der Klub fliegt auf. Seine zweite Stellung bekommt er durch eine Frau, die von einem Schieber ausgehalten wird. Sie, der Typ eines Vamps der Nachkriegszeit, bringt ihn als Schauspieler zum stummen Film. Er muß nur gut aussehen und das genügt, um ein gefeierter Stummfilmstar zu werden. Wenn er sich irgendwo in der Öffentlichkeit zeigt, geraten die Frauen außer sich und feiern ihn, wie einen König. Der »Vamp«, der keinen Mann liebt, fühlt plötzlich wahre Liebe zu Don Juan. Mit Bestürzung muß sie jedoch feststellen, daß er nicht auf sie eifersüchtig ist, denn »lieben« tut er ja doch nur seine ferne Braut, die er nie vergessen kann. Zu tiefst verletzt schleudert sie ihm ins Gesicht, daß er doch überhaupt kein Schauspieler sei, sondern nur ein gutaussehender Mann, der seinen Lebensunterhalt gewissermaßen durch seine erotische Wirkung verdiene. Es wird ihm klar, daß sie recht hat, er verläßt sie und verläßt auch den Film.

Das Damenkomitee einer politischen Partei faßt die Resolution, den unerhört beliebten ehemaligen Star als Abgeordnetenkandidaten auftreten zu lassen, um die Stimmen der wahlberechtigten Frauen zu bekommen. So beginnt seine politische Laufbahn. Die Weiber entfalten eine unerhörte Wahlpropaganda für ihren Kandidaten und Don Juan siegt. Er tritt als Redner auf und alle Herzen schlagen für ihn – – doch er bringt der Partei Unglück, denn auch hier fangen die Frauen an, eifersüchtig aufeinander zu werden, und die Partei spaltet sich in lauter kleine und kleinste einander gehässig und erbittert bekämpfende Sekten. Und Don Juan kümmert sich eigentlich überhaupt nicht um Politik, sondern benützt seine einflußreiche Stellung, um mit Hilfe des amtlichen Apparates nach seiner großen Liebe zu forschen, er beschäftigt auf Staatskosten ein ganzes Heer von Detektivinnen, doch es kommt nichts dabei heraus, nur ein großer Skandal. Eine Journalistin enthüllt diesen sonderbaren »Korruptionsfall« und die Wählerinnen Don Juans fangen nun an, [ihn] enttäuscht zu hassen. Er besucht die Journalistin persönlich, nachdem er gestürzt worden ist, um ihr den Fall zu erklären, sie empfängt ihn voll Hohn und bald darauf gibt sie sich ihm hin, trotzdem daß sie politisch seine schärfste Gegnerin ist, und trotzdem er nicht in der Absicht kam, sie als Weib zu erobern. Als er das Haus in der Nacht verläßt, wird ein Attentat auf ihn verübt – – eine Revolverkugel streift dicht neben seinem Kopfe vorbei und die Attentäterin ist jenes Mädchen, das er seinerzeit bei der Kundgebung gegen den Krieg kennen gelernt hatte und dessen erstes Erlebnis er gewesen ist. Das Mädchen haßt ihn aus tiefster Seele und ist sich nicht bewußt, daß es eine Haßliebe ist. Auf die Detonation des Schusses hin eilt die Journalistin auf die Straße und es entwickelt sich nun ein wilder Kampf zwischen den beiden Frauen. Die Journalistin ruft nach Verhaftung des Mädchens, obwohl Don Juan beteuert, daß er den Schuß abgefeuert hätte, aber das Mädchen bezichtigt sich selbst als Attentäterin und als Opfer Don Juans, schon um die Journalistin, die sie als ihre Nebenbuhlerin betrachtet, zu verletzen – – der Auftritt endet damit, daß Don Juan mit dem Mädchen in einem Auto flieht, knapp bevor die Polizei auf dem Tatort erscheint.

Er flieht mit dem Mädchen in ein »anderes Land«, hinaus in das Dorf, weg von der Stadt, in die Einsamkeit. Und hier meint er nun kurze Zeit, sein Glück und seinen Frieden in ihrer Liebe gefunden zu haben. Aber bald genügt ihm ihre reine, keusche Hingebung nicht mehr – – es geht ihm auch das Geld aus und es kommt zu Reibereien, wie in jeder armen Ehe, wie bei kleinen Leuten, als wäre er gar nicht der Don Juan. Eines Tages schleudert sie ihm ihre Empörung ins Gesicht, ein Mann müsse arbeiten können und müßte auch etwas anderes im Kopf haben, als wie nur die Liebe————und sie verläßt ihn. Es ist das erstemal in seinem Leben, daß eine Frau ihn verläßt. Zuerst glaubt er, es sei das Alter, aber dann bekommt er moralische Anwandlungen und er beschließt zu arbeiten. Er wird Reisender in Damenwäsche und das Geschäft floriert in ungeahntem Ausmaß. Er ist bei seinen Kundinnen unglaublich beliebt, und sie können sein Kommen kaum erwarten – – ja, einzelne vernichten sogar Wäschestücke, sehr zum Ärger ihrer Gatten, nur um sich von Don Juan ein neues Stück kaufen zu können. Es hagelt nur so Bestellungen und Don Juan erfindet ein neues Korselett, läßt es patentieren und übers Jahr hat er eine Fabrik und überall Filialen. Aber das geschäftliche Glück soll nicht lange dauern – – durch eifersüchtige weibliche Angestellte wird er, der diesmal wirklich unschuldig ist, vor Gericht gezerrt, er hätte sich an ihnen vergangen. Er wird zwar, nicht zuletzt durch eine feurige Verteidigungsrede seiner Rechtsanwältin, freigesprochen, doch »etwas bleibt immer hängen«, und er ist moralisch erledigt, seine Existenz vernichtet.

Es geht bergab. Da taucht der »Vamp« wieder auf und tritt an ihn mit einem sonderbaren Geschäft heran – – er begreift nicht ganz den Sinn, tut jedoch mit, und es wird ihm erst bei ihrer Verhaftung klar, daß er in eine Spionageaffaire verwickelt ist. Er versucht die Frau zu schützen, verwickelt sich aber dadurch nur in Widersprüche, macht sich erst recht verdächtig und wird zu einer langjährigen Zuchthausstrafe verurteilt. Erst in der Zelle erfährt er, daß sie ihn verraten hat und längst geflohen ist.

So sitzt er nun im Zuchthaus und gibt schon alle Hoffnung auf. Wenn er wieder frei wird, dann ist sein Leben vorbei und er ein alter Mann. Niemand kümmert sich um ihn, er bekommt keine Briefe. Aber eines Tages erhält er doch einen und als er ihn liest, faßt er sich ans Herz, so weh tut es ihm plötzlich vor lauter Glück. Der Brief stammt von jener Frau, nach der er sich immer sehnte, die er überall suchte und nirgends fand. Jetzt schreibt sie ihm, daß sie sein Leben immer verfolgt hat, daß sie sich aber nicht gemeldet hat, denn sie hätte gedacht, er hätte sie vielleicht schon längst vergessen, und vor dieser Erkenntnis hätte sie sich gefürchtet. Nun aber in seinem großen Unglück fühlt sie mütterliche Gefühle für ihn und sie erwarte ihn, wenn er wieder frei wird – – – – sie warte auf ihn bis in den Tod. – – – – –

Endlich ist der Tag seiner Freiheit da. Er zieht sich seine altmodisch gewordenen Kleider an, läßt sich um das Geld, das er während all der Jahre im Zuchthaus verdiente, rasieren, frisieren und herrichten – – und eilt zu ihr. Er wird eingelassen. Im Salon hängt ihr Bild, so wie sie in seiner Erinnerung lebt. Versunken in den Anblick bemerkt er es gar nicht, daß sie selbst eingetreten ist – – eine alte, sehr alte Frau. Erschüttert erkennt er in ihrem Antlitz, sucht in ihren Bewegungen sein Idol. Das also war seine Sehnsucht – – und während er mit ihr über Nebensächliches plaudert, wird er sichtbar älter und älter. Es dämmert ihm langsam auf, daß es kein Ideal gibt, das vergänglich ist. Die wirklichen Werte liegen jenseits des Lebens.

Er verläßt das Haus. Es schneit, immer stärker. Durch das Schneegestöber taucht eine junge Frau auf mit einem Kinderwagen. Es ist das Mädchen, das ihn verlassen hat. Verdutzt erkennt sie ihn, ruft ihm sogar einige Worte nach, doch er erkennt sie nicht, verschwindet wieder im Schneegestöber.

Er betritt ein armseliges, leeres Café. Apathisch fängt er an, Billard mit sich selbst zu spielen. Die alte Kellnerin kommt und sagt ihm, es wäre ein Herr hier, der möchte gerne mit ihm eine Partie Billard spielen. Er nickt ja – – und der Herr erscheint, er ist hager, wie ein Skelett, trägt schwarze Glacéhandschuhe und Don Juan kann sein Gesicht nie richtig sehen. Der Herr spricht kein Wort, läßt nur Don Juan sprechen, dem es unheimlich wird – – er weiß nicht recht warum. Der Fremde gibt ihm etwas vor, 56, genau soviel, als Don Juan Jahre zählt. Don Juan beginnt und verfehlt. Nun spielt der fremde Herr. Mit automatischer Präzision klappt alles. Immer wieder drückt er die Nummertafel – – 28, 37, 42 – – da bemerkt plötzlich Don Juan, daß der Herr unter seinen Glacéhandschuhen eine knöcherne Hand hat, er erblickt das Gelenk. Und nun weiß er, er spielt mit dem Tod, und der Tod wird gewinnen. 56 – – der Herr hat gewonnen, Don Juan faßt sich ans Herz, wie damals im Zuchthaus, und bricht tot zusammen.

Ende

Bemerkung: Außer der Figur des Don Juans spielen in diesem Filme nur Frauen und der Tod. Es soll auch versucht werden, in den Dialogen, Zeitprobleme von der Einstellung der Frau her zu beleuchten.

Der Pfarrer von Kirchfeld

I.

In dem entlegenen Dorf St. Jakob in der Einöde wird das armselige Haus und das wenige Eigentum der verstorbenen Witwe Birkmüller versteigert. Die Photographie der Toten hängt umflort an der Wand und man hört die Stimme des Versteigerers und das Bieten der kauflustigen Dorfbewohner, die, wie es eben so menschliche Art ist, gern die Gelegenheit ergreifen, billig zu irgendwelchem Besitztum zu gelangen. Immer wieder hört man die Stimme des Versteigerers »Zum ersten, zum zweiten, zum dritten Mal« – – und so kommt alles daran: die alten Truhen, der Sorgenstuhl, das Bettzeug und die Kücheneinrichtung.

Vor dem Hause auf der Bank sitzt die einzige Tochter der Verstorbenen, die 18jährige Anna, einsam und verbittert und hört immer wieder von drinnen die Stimme: »Zum ersten, zum zweiten, zum dritten Mal.« – –

Zu dieser Zeit fährt durch die Dorfstrasse der reiche Viehhändler Loislmüller, begleitet von seiner dicken blonden Geliebten. Er hatte gerade zwei prächtige Schweine gekauft, die er auf seinem Wagen nun in seine Heimat transportieren will. Als er das Haus der Birkmüller erblickt, hält er überrascht und fragt eine vorübergehende Bäuerin, was denn dort los sei, da soviel Leute aus- und eingingen, und vor allem da er sähe, wieviel Gegenstände abtransportiert würden. Er erfährt nun, daß die brave Witwe Birkmüller gestorben ist und daß sie ihre Tochter Anna in größter Armut zurückgelassen hat. Als Loislmüller von der Versteigerung hört, beschließt er, sich an ihr zu beteiligen, um seine Geliebte unter Umständen mit einem günstig erworbenen Schmuckstück zu erfreuen.

Anna sitzt noch immer auf der Bank vor dem Haus und

plötzlich hört sie von drinnen her aufgeregte Stimmen. Sie horcht – –, da erscheint der Gerichtsvollzieher mit dem Gendarmen und den Dorfbewohnern in der Tür und der Gendarm fährt gleich auf sie los. Unter den zu versteigernden Sachen fehle nämlich ein Schmuckstück, ein altes Kreuz, das die verstorbene Frau Birkmüller an Feiertagen an einem Bändchen um den Hals getragen habe. Nach kurzem Hin und Her kann Anna nicht mehr leugnen, das Kreuz heimlich zu sich genommen zu haben – – sie muß es wieder herausgeben und nun wird das Kreuz zur Versteigerung ausgerufen. Loislmüller, der soeben erschienen ist, ersteigert es sofort und ist höchst befriedigt von seinem Fund.

Anna verließ inzwischen ihren Platz, um den neugierigen Blicken zu entgehen und um nicht vor fremden Menschen weinen zu müssen. Sie geht um das Haus herum und nimmt Abschied, gewissermaßen von jedem Winkel. Als sie wieder auf ihre Bank zurückkehrt, ist das Haus leer, die Versteigerung ist zu Ende und sie trifft nur noch eine alte Betschwester an. Die wendet sich nun an Anna und gibt ihr salbungsvolle Ratschläge. Sie solle immer nur beten, beten und wieder beten. Aber Anna, die anfangs apathisch ihr zugehört hat, unterbricht sie plötzlich hart: »Ich glaube nicht mehr an Gott«, sagt sie. Die Alte starrt sie entgeistert an, bekreuzigt sich und läßt sie rasch stehen.

Loislmüller sitzt nun wieder auf dem Wagen neben seiner Geliebten und bindet ihr das Kreuz um den Hals. Sie ist hoch erfreut über dieses Geschenk und gibt ihm einen Kuß.

Anna verläßt mit einem Bündel das Haus, streichelt noch einmal den Hofhund, der ihr traurig nachblickt, aber sie sieht sich nicht um. Vor der Kirche hält die Betschwester aufgeregt den Pfarrer an. Es ist dies der Pfarrer Vetter, ein alter gütiger Herr, der trotz seiner tiefen Religiosität leise resigniert mit seinem Leben bereits abgeschlossen hat. Sie teilt ihm bestürzt mit, daß die Anna Birkmüller nicht mehr an den lieben Gott glaubt. Aber der Pfarrer Vetter wird nun ganz böse und weist die Alte zurecht, denn einen solchen Ausspruch könne er sich von der kreuzbraven Anna nicht vorstellen.

2.

Droben im Hochgebirge, unterhalb eines wilden Grates, über dessen zerklüftete Zacken die Grenze verläuft, gehen zwei Förster ihr Revier ab. Der Jüngere heißt Michel, ein gutmütiger pflichtbewußter Mensch, dessen einzige auffallende Schwäche eigentlich darin besteht, daß er sich selber sehr gefällt. Er hält sich für einen durchaus feschen Menschen, der er ja auch ist – – eben deshalb läßt seine Eitelkeit auch auf eine kleine Beschränktheit schließen. Michel erklärt nun seinem Kollegen, der erst vor kurzer Zeit in diese Gegend versetzt worden ist, die Namen der verschiedenen Täler, Kare, Gipfel und Ortschaften. So zum Beispiel liegt direkt unter dem Felsen, auf dem sie sich jetzt befinden, das schöne Dorf Kirchfeld, wo beide stationiert sind. Vier Gehstunden entfernt von Kirchfeld liegt das Dorf St. Jakob in der Einöde und ungefähr zwischen den beiden auf halbem Wege liegt das Wirtshaus des Gruberfranz, sozusagen mitten im Walde, etwas entfernt von der Landstrasse. Auf den Gruberfranz ist die Behörde nicht gut zu sprechen. Sie kann ihm zwar nichts Positives vorwerfen, aber sie ist fest davon überzeugt, daß er den Wilderern und Schmugglern Hehlerdienste leistet. Sein Wirtshaus steht auch deshalb keineswegs in einem guten Rufe.

An der Waldgrenze finden die beiden Förster im Unterholz eine Wildschlinge mit einem gefangenen Rehkitz. Michel stellt sofort fest, daß diese Schlinge natürlich nur von einem Wilderer gelegt sein konnte. Er habe auch schon einen ganz bestimmten Verdacht. Zwar wolle er noch nicht darüber sprechen und keinen Namen nennen, aber er habe das Gefühl, daß er auf der richtigen Fährte sei. Er wolle nur soviel sagen, daß es sich um einen Einwohner Kirchfelds drehe und er möchte nun doch gleich mal im Wirtshaus des Gruberfranz nachsehen, ob der Bewußte sich nicht dort aufhalte, denn eine innere Stimme raune ihm dies zu. Er fordert seinen Kollegen auf, mit ihm hinabzusteigen und erzählt ihm dabei von seinen verschiedenen immerhin erfolglos durchgeführten Haussuchungen beim Gruberfranz.

Der Mann, den Michel in Verdacht hat, hatte die beiden Förster nun schon längere Zeit beobachtet. Er hatte gerade nach seiner Wildschlinge sehen wollen, da erblickte er die beiden und versteckte sich rasch im Unterholz. Er beobachtete auch, daß seine Schlinge entdeckt wurde und sieht nun, wie die beiden Förster rasch auf dem kürzesten Steige zum Gruberfranz hinabsteigen. Um ihnen zuvorzukommen und den Wirt zu warnen, klettert und springt er nun tollkühn über Wände und Schroffen hinab und erreicht so noch vor dem Eintreffen der beiden Förster das Wirtshaus, wo er sofort mit dem Wirt im Keller verschwindet und zwei dort aufbewahrte gewilderte Rehe geschickt unter allerhand Gerümpel verbirgt.

Der Wilderer ist, wie gesagt, aus Kirchfeld und wird der Wurzelsepp genannt. Ein jedes Kind weiß, daß er vom Wildern lebt. Auch sein Vater ist ein Wilderer gewesen, hat einen Förster erschossen und endete im Gefängnis. Der Wurzelsepp war damals noch ein Kind. Seit jener Zeit hat er keine Kirche mehr betreten. Die meisten seiner Mitmenschen tun so, als verachteten sie ihn, heimlich achten sie ihn aber, denn es umweht ihn ja auch sozusagen die Romantik des Räuberhauptmanns.

Als Michel mit seinem Kollegen nun das Wirtshaus betritt, sitzen der Wurzelsepp und der Wirt mit gut gespieltem guten Gewissen in der Wirtsstube und trinken Schnaps, als hätten sie nie irgendeinen unerlaubten Gedanken gehabt. Nach einer kurzen Begrüßung lassen sich die beiden Beamten an einem Tisch nieder und der Wirt ruft »Anna!« So nebenbei erkundigt sich Michel, wer denn diese Anna sei, worauf ihm der Wirt kurz auseinandersetzt, das wäre die neue Bedienung, die erst vor ungefähr 8 Tagen bei ihm eingetreten sei. Anna erscheint nun und fragt die beiden Förster nach ihren Wünschen. Michel hört aber gar nicht auf ihre Worte, sondern starrt sie fasziniert an und meint dann plötzlich, sie käme ihm so bekannt vor und ob sie denn nicht die Anna Birkmüller aus St. Jakob wäre. Es stellt sich nun heraus, daß Michel und Anna als Kinder zusammen gespielt haben – – und Anna sei damals immer von Michel beschützt worden, so bringt er ihr viele Dinge aus der Kindheit wieder in Erinnerung. »Schad', daß ich damals als kleiner Bub' von St. Jakob weg hab' müssen«, äußert der Michel seine große Zufriedenheit darüber, was für ein schmuckes Dirndl aus der kleinen Anna geworden ist. Dabei fängt er an, sie zu tätscheln, wobei sie sich erkundigt, ob denn alle Kirchfelder so wären. »Oh«, erwidert der Michel, »in Kirchfeld sind jetzt alle Leut' ungemein brav und anständig geworden, seit nämlich der neue Herr Pfarrer da ist!« Dieser neue Pfarrer Hell sei der beste, den es auf der Welt gäbe, wobei der Wurzelsepp ironisch vor sich hin lächelt. Michel bemerkt dies und betont es nochmals: »Jawohl, der Pfarrer Hell ist ein richtiger Mensch.«

3.

In der Kirche zu Kirchfeld tauft der Pfarrer Hell ein Kind. Es ist keine große Taufgesellschaft dabei, nur eine ältere Frau und die Mutter des Kindes, ein etwas beschränkt aussehendes junges Weib. Nach der Taufzeremonie sehen wir den Pfarrer, wie er sich in der Sakristei umkleidet und dann rasch das neben der Kirche gelegene Pfarrhaus betritt. Im Pfarramt stehen bereits 6 Bauernburschen und warten auf ihn. »Seid's alle da?« begrüßt er sie und legt dann mit einer großen Strafpredigt los. Das soeben getaufte Kind ist nämlich ein uneheliches, und er macht den Burschen Vorhaltungen, wie gemein es wäre, daß der Richtige sich nicht zu seiner Vaterschaft bekenne. Durch seine derb-gutmütige Art bringt er es auch soweit, daß sich der richtige Vater reuevoll meldet. Nach dieser Szene betritt er sein Wohnzimmer, in welchem der Pfarrer Vetter aus St. Jakob bereits auf ihn wartet. Der alte Herr sitzt behaglich in dem Fauteuil und hat ein leeres Glas vor sich stehen. Hell entschuldigt sich, daß er ihn solange allein gelassen habe und will das Glas seines Gastes neu füllen. »Nein, nein«, wehrt Vetter ab, »es wird ja zuviel. Ich bin das ja nicht gewohnt.« Hell bringt ihm nun noch eine Zigarre, und nachdem sie Vetter angezündet hat, stellt er fest, daß es ihm lange nicht so behaglich gewesen wäre. »Wie hier alles doch so freundlich, so recht wohlgefällig und lebensfreudig – – so gottesfriedlich ist«, fährt er fort, »Sie sitzen auf einer der einträglichsten Pfarren und sind noch so jung, haben noch soviel vor sich. Ich bin schon ein alter Mann und zu wenig mehr nütze, nun sitze ich da oben – –«

HELL (unterbricht ihn, in Nachdenken versunken) Wie heißt doch Ihre Pfarre?

VETTER St. Jakob in der Einöde, Herr Amtsbruder, ein Dorf, in welchem Sie nicht fünf Menschen finden, denen es so recht froh und freudig erginge; alles herabgebracht vom Elend.

HELL Das ist traurig, sehr traurig, wie müssen Sie sich dabei befinden, das Elend sehen und nichts dawider tun können.

VETTER Du lieber Himmel, das gewöhnt sich wohl, ich lebe ja wie sie, fast schlechter – nur einem geht's gar recht elend, das ist der Schulmeister, ist so alt und so hinfällig wie ich und hofft noch immer, ich weiß nicht, auf was.

HELL (ergriffen) Liebster, Bester, und waren Sie denn immer so resigniert?

VETTER (lächelnd) Ach nein, ich war ja auch jung.

HELL (wie um auf ein anderes Thema zu kommen) Und wie kommen Sie nun mit Ihrer herabgekommenen Gemeinde zurecht?

VETTER Nun früher ist's wohl redlich gegangen, aber letztere Zeit kann ich nicht mehr so recht in die Kanzel hineinschlagen und ein ruhiges Zureden hilft ja nichts. Es ist wahr, ich hatte auch schon oft den Entschluß gefaßt, zu gehen. Ich bin ja nicht wie der Schulmeister, der hofft – (er lächelt und rückt Hell näher) und Herr Amtsbruder, nichts für ungut, unter uns, vielleicht auch hoffen kann und soll, wenn auch nicht für sich. Er hat gar liebe Kinder und hat ein braves Weib, das hält ihn aufrecht. Wir haben das aber nicht, dürfen das nicht haben – – ich stehe auch dann allein, und wenn ich heut' oder morgen zusammenbreche, so kann ich mich auf niemanden stützen – – – aber lassen wir das! Ich muß mich aufs Bitten bei Ihnen legen, Herr Amtsbruder, wenn Sie mir eine Bitte freistellen wollen.

HELL Sie machen mich neugierig, sprechen Sie ungescheut.

VETTER Es lebte da jahrelang eine arme Witwe in St. Jakob, die sich kümmerlich durchbrachte und dabei recht christlich ihr einziges Kind, ein Mädchen, erzog. – Vor drei Wochen nun ist die Alte gestorben, da sind denn auch gleich die Gläubiger gekommen, nahmen alles, was vorhanden war und jagten die Junge aus der Hütte ihrer Eltern. Jetzt dient das arme Kind dem Gruberfranz, aber

ich fürchte, das ist nicht das richtige Obdach – – und da
dachte ich mir, ich wage es, Sie zu bitten, daß Sie das Mädel ins Haus nehmen, da wäre sie wohl gut aufgehoben.

HELL Auf Ihre Empfehlung hin bin ich gern bereit, das
Kind aufzunehmen.

VETTER (schüttelt ihm die Hand) Nun das ist recht christlich, ich danke Ihnen, Herr Amtsbruder.

4.

Im Wirtshaus des Gruberfranz nimmt das Gespräch über
den Pfarrer Hell seinen Fortgang. Der Wurzelsepp hat sich
in ironischen Bemerkungen über den hochwürdigen Herrn
ergangen, wobei ihm Michel endlich versichert »Du bist der
einzige nicht Brave in Kirchfeld und über unsern Pfarrer
redst du schon garnix.« Mit naiver Miene erkundigt sich
der Sepp, warum er denn der einzige nicht Brave sei. Aber
Michel erwidert ihm nur »Mir sagt es eine innere Stimme,
daß wir zwei uns nochmals treffen werden.«

»Wo?« fragt der Sepp.

Darauf der Michel: »Droben im Walde, wo manchmal so
spaßige Schlingen wachsen.«

»Das verbitt' ich mir«, schreit der Sepp, der es merkt, daß
Michel ihn verdächtigt, und es kommt nun zu einer heftigen
Auseinandersetzung zwischen den beiden, die damit endet,
daß der Wirt Michel erklärt, er lasse seine Gäste nicht belei-
digen.

Sehr zum Verdruß des Wirtes und des Wurzelsepp mischt
sich Anna auch in den Streit, ergreift die Partei Michels und
erklärt auch, daß sie vom Pfarrer Hell nur Gutes gehört
hätte. »Übrigens«, meint sie nun auch, »unser Pfarrer in St.
Jakob möcht's gern sehen, daß ich zum hochwürdigen
Herrn Hell als Bedienung komme.«

»Das glaube ich«, schreit der Wurzelsepp und biegt sich

vor Lachen: »Der Pfarrer und die lebfrische Dirn! Die schicken's zu ihm, grad als ob sie's ihm zu Fleiß täten!«
MICHEL Du hast das gottloseste Maul vom ganzen Land!
DER WURZELSEPP Wenn das Derndl zum Hell kommt, dann frag doch nach fünf Wochen, ob die Kirchfelder ihren Pfarrer noch für einen Heiligen halten!

5.

Im Pfarrhaus zu Kirchfeld betritt die alte Pfarrersköchin Brigitte das Wohnzimmer und meldet Hell, der gerade sein Brevier liest, daß ein Dirndl aus Einöd den hochwürdigen Herrn sprechen möchte. »Führ' sie nur herein«, meint Hell, »das dürfte wohl Deine Gehilfin werden, Brigitte.« Brigitte, schon wieder in der Tür, wendet sich noch einmal um: »So, na, das wär' mir schon recht. Das Dirndl ist recht nett und sauber und nicht ein bissel aufdringlich.« Worauf Hell lächelnd meint: »Na, das will ja was heißen, wenn die Brigitte das Lob eines jungen Mädchens singt, sonst weiß sie ihnen wenig Gutes nachzusagen.« Dabei erhebt er sich und geht Anna, die nebenan im Pfarramtsraum wartet, entgegen. »So, du bist also die Anna Birkmüller, mein Kind!« Anna wird durch Hells Persönlichkeit plötzlich sonderbar schüchtern und bringt vorerst kaum ein Wort hervor. »Ich habe dem hochwürdigen Herrn Vetter bereits die Hand darauf gegeben«, fährt Hell fort, »daß ich dich aufnehmen will.« Anna bleibt noch immer stumm und küßt Hell die Hand. Hell zieht seine Hand unwillkürlich etwas zurück: »Also – – Anna, ich heiße dich in meinem Hause willkommen. Du weißt wohl selbst, daß Dienen kein leichtes Brot ist; indessen will ich dafür sorgen, daß dir von niemand dein Stand schwerer gemacht wird, als er für dich ohnedies schon sein mag.«
ANNA Ich fürcht' mich nimmer vor'm Dienst (sie spricht

nun plötzlich rasch und viel, als wäre auf einmal ein Bann gebrochen), oben beim Gruberfranz habe ich einen Kirchfelder getroffen, der gesagt hat, daß er dein Feind ist, hochwürdiger Herr, und der sich alle Mühe gegeben hat, dir was Schlechtes nachzureden und hat doch nichts vorzubringen gewußt. Ich hab' auch mir denkt, was du für ein Herr sein mußt, wenn dir selbst die, die dir übel wollen, nicht zukönnen. Jetzt habe ich dich gesehen und gehört, wie gut und freundlich als du bist, jetzt tät's mir fast weh, wenn du mich dir nicht dienen ließest.

HELL Gewiß, du sollst bleiben.

ANNA Es schreckt mich auch nicht, daß du für einen geistlichen Herrn noch so viel jung bist.

HELL Daß ich jung bin?

ANNA Ich denk', besser kann eine arme Dirn nirgends aufgehoben sein als bei dir.

Darauf HELL Gewiß, Anna, du denkst brav!

ANNA Ich weiß nicht, aber recht wird's wohl sein.

HELL Recht und brav! (Er drückt ihr die Hand).

6.

Am Nachmittag kommt der Wurzelsepp betrunken nach Haus zu seiner Mutter, die in einer halbverfallenen Hütte etwas außerhalb des Dorfes wohnt. Die Hütte wird allgemein nur das Hexenhaus genannt und die Mutter, eine alte Kräutersammlerin, steht im Ruf einer Hexe. Sehr zu Unrecht, denn sie ist eine rechtschaffene Frau, die nur allerdings, genau wie ihr Sohn, seit dem Tode ihres Mannes im Gefängnis nie mehr eine Kirche betreten hat.

In der Hütte kommt es zu einer großen Szene zwischen Mutter und Sohn. Sie wirft ihm seinen liederlichen Lebenswandel vor, beschwört ihn, sich zu bessern und versichert ihm, daß sie sich etwas antue, wenn er eingesperrt werden würde. Der betrunkene Sepp, der zuerst versucht hat, zu widersprechen, lallt am Schluß nur noch etwas von irgendeinem Pfaffen, dem er es mal heimzahlen wird. Als Sepp eingeschlafen ist, verläßt die Mutter das Haus, um auf den Berg zu gehen und Kräuter zu sammeln. In der Dorfstrasse wird sie von den Kindern beschimpft und verhöhnt, die in typischer Kinderart ihr »alte Hexe« nachrufen. Der Pfarrer Hell, der von drinnen diesen Lärm hört – er befindet sich gerade in seinem Garten – eilt auf die Straße, weist die Kinder energisch zur Ordnung und beschützt die Mutter des Wurzelsepp.

7.

Im Garten hinter dem Pfarrhofe sitzen Brigitte und Anna. Brigitte vor einem Spinnrad und Anna mit einem Sack voll Linsen vor sich auf dem Tisch, die sie verliest. Sie singt dazu und die alte Brigitte meint, das wären ja richtige Schelmenlieder. »Mir fallen's halt alle so ein«, lacht Anna, »weil ich jetzt übermütig bin. Die reichste Bäuerin im ganzen Land schindet sich ja im Vergleich zu mir und auch ein Stadtfräulein kann nicht schöner faulenzen.« Brigitte droht freundlich, ihr den Brotkorb bald höher zu hängen, aber Anna fürchtet sich nicht und betont immer wieder, daß sie einen so guten Dienstplatz nirgends getroffen hätte. Besonders der hochwürdige Herr, das sei ein Mann, um den zu sein wäre ja eine wahre Freude! Bei dem müßt' ja der ärgste Sünder wieder ein rechter Mensch werden. Brigitte unterbricht ihre Begeisterung und hänselt sie: »Läufst etwa nicht, von wo du stehst und hebt es dich nicht vom Sitz, wenn du seine Stimme oder seinen Tritt in der Nähe hörst?« Da wird Anna verlegen und ziemlich verwirrt antwortet sie: »Das ist gewiß nicht so, das hat dir nur geträumt!«

Jetzt erscheint Hell in einem Fenster des Pfarrhofes und

ruft nach Brigitte. Anna will sofort aufspringen und ins Haus gehen, doch Brigitte fährt sie gutmütig an: »Du bleibst!« Hell, der nun erst Anna erblickt, ruft ihr zu, sie möchte doch sein Buch, das draußen in der Laube liegt, ins Haus bringen.

Anna holt das Buch und führt den Auftrag aus. Sie befindet sich nun allein in Hells Zimmer und entdeckt auf seinem Sekretär ein Schmuckstück, ein goldenes Kreuz, das an einem Bande um den Hals getragen wird. Es hat eine starke Ähnlichkeit mit dem Kreuz ihrer verstorbenen Mutter – – sie nimmt es in die Hand, betrachtet es und viele Erinnerungen tauchen in ihr auf. So versunken steht sie da, daß sie gar nicht bemerkt, daß Hell das Zimmer betrat und sie schon eine Zeitlang beobachtete. Plötzlich meint er: »Regt sich die Eitelkeit ein wenig bei dir?« Anna zuckt erschrocken zusammen, erblickt ihn erst jetzt und legt das Kreuz rasch wieder zurück. »Nein, ich bin gewiß nicht eitel.«

»Na, na, na,« meint Hell lächelnd. Anna sieht ihn groß und traurig an, so daß er überrascht ganz ernst wird und sie sagt nun leise, dieses Kreuz erinnere sie nur an etwas sehr Trauriges.

8.

Am nächsten Tage befindet sich Michel wieder auf seinem Reviergang und erblickt von hoch droben auf einer Waldlichtung den Pfarrer Hell mit seinen Schulbuben, denen er in Gottes freier Natur, um nicht bei dem herrlichen Wetter in dem engen Klassenzimmer bleiben zu müssen, Religionsunterricht erteilt. Er erzählt ihnen aus der Bibel und sie hören alle andächtig zu. Und dann spielen die Buben auf einer Wiese gegeneinander Fußball und der hochwürdige Herr schiedsrichtert dabei. Und er ist ein gerechter Unparteiischer.

Da kommt der Förster Michel droben vom Gebirg von seinem Reviergang herab und unterhält sich nun mit Hell über Anna. Es freut ihn sehr, daß der Pfarrer sie für ein braves Mädchen hält. Es wird ihm ganz weich und wehmütig um das Herz, da Hell ihm nun mitteilt, daß Anna in ihrem jungen Leben schon viel Unrecht widerfahren sei. Michel meint, eigentlich sollte man nur ein armes Mädchen heiraten, denn wozu wäre der Mann da, wenn nicht zum Schutz des schwachen Weibes. Es fällt dem braven Förster gar nicht auf, daß er mit dieser Äußerung auch seiner eigenen Eitelkeit schmeichelt.

So begleitet nun Michel den Pfarrer nach Hause und wir erfahren es gewissermaßen zwischen den Worten seiner Rede, daß er Anna gern heiraten würde. Am Pfarrhaus angekommen – es dämmert bereits – begrüßt er Anna, die im Garten gerade mit der Wäsche beschäftigt ist und bittet sie, mit ihm heut Abend zum Postwirt zu gehen, wo, wie alle Sonnabende, getanzt wird. Anna jedoch lehnt die Einladung ab, obwohl ihr Hell zuredet. Aber es sei doch niemand zu Hause, schwindelt sie, der den hochwürdigen Herrn bedienen könnte, da die alte Brigitte zu Besuch bei einer Nachbarin sei. Der brave Michel verabschiedet sich etwas melancholisch.

Anna steht noch eine Weile stumm und sieht ihm nach, selbst dann noch, da er bereits um die Ecke verschwunden ist. »Nach was blickst du denn aus?« fragt Hell sie plötzlich. »Ich schaue, wie die Sonne untergeht«, erwidert sie traurig. Hell sieht sie groß an: »An was denkst du, du hast feuchte Augen«.

ANNA Ich weiß nicht, ich war erst recht lustig, aber wie ich da so schaue, fallen mir auf einmal alle ein, die mir recht nahe gegangen sind und jetzt die Sonne nimmer untergehen sehen.

HELL Der Herr lasse sie ruhen in Frieden – – Die letzte meiner Familie, die ich zu beweinen hatte, war meine Schwester.

ANNA Die war gewiß kreuzbrav.

Darauf fährt dann der HELL fort: Brav, klug und schön. Sie und die Mutter, beide lebten, als ich noch Student war – – ich dachte mir das so recht hübsch, wenn ich eine Pfarre bekäme, wie wir da immer beisammen leben und bleiben wollten. Eine Familie haben, ja, nur ihr angehören, ist doch etwas Schönes.

Darauf die ANNA: Nicht wahr, oft habe ich mir schon gedacht, selbst im Himmel kommt erst die heilige Familie.

HELL (lächelnd) Meinst du?

Darauf ANNA Ja, denn Kinder, die so zur Welt kommen, ohne daß sie oft Vater und Mutter wissen, sind doch recht traurig dran, sie machen niemand so richtig herzliche Freude, auch wenn sie brav sind – – und nachher wundert sich die Welt, wenn sie keine rechten Leut werden.

HELL Das denkst du brav und klug.

ANNA (sieht zu Boden) Wie du mich aufgenommen hast, hochwürdiger Herr, hast mich brav genannt, jetzt nennst du mich klug, wenn du mir noch eins sagst, so hast du mir alle guten Worte gegeben wie deiner Schwester selig.

HELL (faßt ihre Hand) Wie meiner Schwester? Ja, ganz recht, brav, klug und – – schön. Aber sie war nicht so eitel wie du.

ANNA (hebt überrascht den Kopf) Wie ich?

HELL (freundlich lächelnd) Ich habe doch eine kleine Eitelkeit an dir bemerkt.

ANNA Wann denn? Oh, sag's hochwürdiger Herr. Ich werd' sie gewiß nimmer blicken lassen.

HELL Neulich, als du mein Zimmer in Ordnung brachtest, lag auf meinem Sekretär ein Kreuzchen mit einer Kette. Du hattest es in die Hand genommen – – ich habe deine

Gedanken wohl erraten, wenn ich mein', daß du es für dein Leben gern gehabt hättest.

Anna starrt ihn einen Augenblick lang an, die Tränen treten ihr in die Augen, sie kommt aber zu keiner Antwort mehr, da draußen heftig nach dem Pfarrer gefragt und gerufen wird. Es ist ein armer Bauer draußen, dessen Kuh sehr krank ist und der nun Hell bittet, sofort mit ihm in den Stall zu gehen und nachzuschauen. Hell folgt dem Bauern – – und wir sehen ihn, wie er sich im Stall wie ein richtiger Tierarzt bemüht. Auch diese kleine Episode soll dazu dienen, den Charakter eines Mannes zu schildern, der es sich zu seiner Lebensaufgabe gemacht hat, seiner Gemeinde immer und überall zu helfen. – –

Er hat seine Arbeit im Stall noch kaum beendet, da stürzt die alte Brigitte aufgeregt zu ihm hin und teilt ihm mit, daß es ihr schon einige Male aufgefallen sei, daß Anna nicht betet und jetzt soeben habe sie ihr auf ihre Frage erklärt, es gebe keinen Gott. Die alte Brigitte bekreuzigt sich: »Das Mädel hat die Höll' in sich«, beteuert sie. Aber Hell meint nur lächelnd, »die werden wir ihr schon austreiben. Ich habe schon mehr Leute kennengelernt, die mal in ihrem Leben behauptet haben, es gäbe keinen Gott. Ich wär' ein schlechter Pfarrer, wenn ich einem Dirndl nicht beweisen könnte, daß es einen Gott gibt.« Und als er Anna nun zur Rede stellt und im Ernst von ihr hört, daß sie nicht an Gott glaube, forscht er eindringlich weiter und bringt Anna durch sein gütiges Wesen dazu, daß sie ihm stockend und unter Tränen erzählt, sie glaube nicht mehr an Gott, seit ihr seinerzeit ihr Schmuckstück, das Kreuz der Mutter, weggenommen und versteigert worden sei. Das sei ganz ein ähnliches Kreuz gewesen, wie dasjenige, das auf dem Sekretär des Pfarrers liegt. »Seht's Hochwürden«, sagt Anna, »wenn ich das Kreuz wiederbekommen würde, dann würde ich wieder an Gott glauben.«

»Warum denn nur dann?« fragt der Pfarrer, und Anna antwortet, »weil ich dann wieder daran glauben könnte, daß es gute Menschen gibt.«

Mit einem plötzlichen Entschluß schenkt ihr nun Hell das Kreuzchen seiner Mutter.

Er will es ihr beweisen, daß es gute Menschen und daß es also auch einen lieben Gott gibt.

Anna, außer sich, sinkt mit ihrem Gesicht auf seine Hände und schluchzt ganz verwirrt. Sie könne doch das Kreuz nicht annehmen, sie wäre es ja gar nicht wert und das Kreuz sei schwer Gold. – –

Darauf HELL Du sollst eben nicht denken, daß es von Gold, als vielmehr, daß es ein Kreuz ist. Ich habe es dieser Tage gedacht, wenn mir nun meine Schwester am Leben geblieben wäre, wer weiß, wäre sie noch bei mir? Ein braver Mann hätte sie von mir in sein Haus geführt und da dachte ich auch an dich; ich dachte mir, da du dich einmal zu dienen entschlossen hast, da dir hier nichts abgehen wird, daß du bei mir bleiben wirst, daß du mich nicht verlassen wirst.

ANNA (gibt ihm verwirrt und errötend die Hand) Mein Lebtag nicht. (Dann zieht sie ihre Hand wieder aus der seinen) Gute Nacht, Hochwürden.

HELL Gute Nacht. Mit dir, Kind, ist der heilige Hauch des lange verlorenen Familienlebens wieder in mein Haus gezogen.

ANNA (geht zur Türe und wendet sich noch einmal um) Und darf ich das Kreuzchen offen tragen, vor ganz Kirchfeld?

HELL Gewiß, warum fragst du?

ANNA Ich habe nur gefragt, damit ich weiß, was dir recht ist. Nach allem andern frag' ich nimmer.

9

Am nächsten Sonntag beim Kirchgang entdecken die Kirchfelder am Hals der Anna das Kreuz, das einige von ihnen als
das Kreuz der verstorbenen Mutter des Hell kennen. Manche raunen sich bereits verschiedene Vermutungen zu, und
auch der Wurzelsepp hört davon läuten. Er sorgt natürlich
sofort dafür, daß es sich ganz und gar herumspricht, daß der
hochwürdige Herr Hell einem jungen Mädel ein goldenes
Kreuz geschenkt hat. Warum, das könne man sich ja lebhaft
vorstellen. Die Stimmung schlägt gegen den Pfarrer um,
man schimpft nach dem Kirchgang im Wirtshaus über ihn
und man schimpft auch über die Anna. Es fallen Worte wie
»die Hergelaufene« und dergleichen. Michel hört dies, ver-
teidigt Anna und es kommt zu einer großen Rauferei, bei der
er blutig geschlagen wird. Mitten in der Rauferei betritt Hell
das Lokal und erfährt durch einige hämische Bemerkungen,
was hier vor sich ging und geht. Er verläßt erschüttert das
Haus. Der Wurzelsepp folgt ihm jedoch und schleicht ihm
eine ganze Weile nach. Er sieht, wie der Pfarrer langsam mit
müden Schritten auf einem Umweg nach Hause geht – – da
ruft er den Pfarrer an. Der hält an und fragt ihn tonlos nach
seinem Wunsche. »Pfarrer, ich möcht' dir nur sagen«, antwortet der Sepp gehässig, »daß es mich freut, wie es dir jetzt
geht. Hilft dir alles nix. Die Dirn ist dein Unglück. Oder
leugnest du vielleicht, daß du der Anna gut bist?«

HELL (sieht erschrocken und fassungslos auf ihn) – –

DER SEPP Du kannst es leugnen, aber du wirst es schon
    spüren.

HELL (erregt) Ich stehe zu deiner Verunglimpfung, solange
    sie mich nicht allein betrifft. Aber dies ehrliche Mädchen
    laß aus dem Spiel. Es erfaßt mich ein heiliger Zorn – –

SEPP (einfallend) Schrei nur herum, schrei nur zu, dann er-
    fahrt's das ganze Dorf noch zeitlicher.

HELL Keiner denkt im Dorf wie du.

SEPP Da werden bald alle so denken wie ich. Du schenkst ihr das Kreuzel von Deiner Mutter selig und gleichwohl du das Dirndl nicht haben kannst, gönnst du es doch keinem andern! Du willst es halten und nicht lassen für dein Lebentag. Sie hat's ja selbst der alten Brigitte erzählt. Und diese Dirn' soll dir gleichgültig sein?

HELL (gepreßt): Bist du zu Ende?

SEPP Nein, mir hat's noch nicht die Red' verschlagen. Du wirst ja im Land als ein Ausbund von Frömmigkeit verschrien, aber ich habe an dich so wenig geglaubt wie an die andern.

HELL Sepp, du tust Unrecht. Auch dann Unrecht, wenn du, wie ich fürchte, nur der Feind des Kleides bist, das ich trage.

SEPP Darüber wollen wir nicht streiten. Du trägst es ja einmal doch.

HELL Das Kleid macht nicht den Mann und nicht darauf kommt es an im Leben, was wir sind, sondern wie wir es sind.

SEPP Das glaube ich selber; mit dem Gewand aber mußte das sein, was ich meine; (mit Schadenfreude) ja, Pfarrer, du mußt es sein, mußt, wenn du gleich nicht wolltest – – mußt, ob dir's jetzt das Herz abdrücken will, oder ob du in den Boden hineinstampfst – Du mußt.

HELL Mensch, was liegt auf dem Grund deiner Seele; woher dieser gehässige feindselige Jubel?

Darauf der SEPP Weil es mich freut.

Und nun erfahren wir es, warum der Wurzelsepp und seine Mutter nie wieder eine Kirche betreten. Der Vater des Sepp wurde nämlich durch den Vorgänger Hells angezeigt und also ins Gefängnis gebracht, wo er dann verstorben ist. »Hilft dir alles nix«, fährt der Sepp nun mit gehässiger Schadenfreude fort, »die Dirn ist und bleibt dein Unglück. Ich weiß, du planst dir jetzt tausend Auswege – – aber du hast nur zwei Wege: Du kannst die Anna entweder in Unehren halten und mußt fort von Kirchfeld, oder du kannst sie mit Herzleid fortziehen lassen, und dann ist dir Kirchfeld und die ganze Welt nichts mehr. Einen dritten Weg hast du nicht. Siehst, Pfarrer, da habe ich dich und habe dich so sicher, daß ich dich nicht einmal zu halten brauch'.«

Mit diesen Worten läßt er Hell stehen.

10.

Im Pfarrhaus macht die alte Brigitte Anna heftige Vorwürfe, sie wäre das Unglück des hochwürdigen Herrn. Über beide würden im Dorf schon die wildesten Gerüchte verbreitet, so daß die Leut' schon den ganzen Respekt vor dem Pfarrer an den Nagel gehängt hätten – – sogar im Wirtshaus sei gerauft worden, was doch nicht mehr der Fall gewesen wäre, seit der hochwürdige Herr Hell auf der Pfarre ist. »Und heut' in der Predigt wirst selber bemerkt haben, wie alle auf dich geschaut, sich zugeblinkt und wie sie untereinander geplaudert haben, während doch sonst, während der Pfarrer redet, es in der Kirch' totenstill war.«

Anna schluchzt außer sich und bittet Brigitte, doch um Gotteswillen nichts Unrechtes von ihr zu denken. Sie könne ja nichts dafür und sie weiß ja gar nicht, wie das alles gekommen ist. Auch die alte Brigitte wird gerührt und weint mit und meint »da hat der Teufel seine Hand im Spiel«: »Es soll doch wirklich in der Welt nur Männer oder nur Weiber geben, alle zwei zusammen tun nie was Gutes.« – –

11.

Wurzelsepp ist wieder in das Wirtshaus zurückgekehrt und hält dort große flammende Reden gegen den Pfarrer, die allgemein beifällig aufgenommen werden. Mitten in seiner Hetzerei wird er aber von Michel und einem Gendarmen unterbrochen, die ihn verhaften wollen. Der Gruberfranz ist nämlich der Hehlerei überführt worden und hat eingestanden, Gewildertes vom Wurzelsepp bezogen zu haben. Sepp flieht vor dem Gendarmen, zuallererst in seine Hütte und nimmt dort von seiner entsetzten Mutter kurz Abschied. Inzwischen wurde aber die Hütte bereits von Gendarmen und Förstern umstellt. Er schießt durch das Fenster, trifft jedoch niemanden und flieht dann in die Berge hinauf.

Die Mutter ist über all diese Ereignisse furchtbar entsetzt und begeht Selbstmord im Wildbach.

12.

Es regnet in Strömen, es ist ein grauer Tag und in dem Zusammenleben der drei Leute im Pfarrhaus hat sich alles geändert. Der Pfarrer spricht mit Anna kaum ein Wort. Er bemüht sich sogar, ihr soviel wie möglich aus dem Weg zu gehen. Wenn Brigitte gezwungen ist, mit Anna zu reden, so geschieht das so, daß diese bemerken muß, wie sehr Brigitte sich Anna gegenüber zurückhält.

Als Michel, der von der Rauferei her noch verbunden ist, an dem Haus vorbeigeht, bemerkt ihn Anna und läuft zu ihm hinaus und muß nun hören, daß die ganze Prügelei daher gekommen ist, daß die Dorfleute von dem Kreuz erfahren hätten, das der Pfarrer ihr geschenkt haben soll – – aber er glaube das noch immer nicht. Jetzt wird Anna klar, in welche Lage der Pfarrer durch ihr bloßes Hiersein geraten ist. Sie bedankt sich bei Michel, der, mutig geworden durch ihre Freundlichkeit, ihr seine Liebe erklärt, und Anna entschließt sich, seinen Antrag anzunehmen. Sie bringt dieses Opfer, um damit den Pfarrer zu retten.

So tritt sie nun sogleich mit Michel vor den Pfarrer hin und erklärt ihm mit innerem Zittern, daß sie sich soeben mit Michel versprochen habe. »Es wär' auch nichts Unüberlegtes«, sagt sie und sieht Hell fest an. Michel lacht: »Das gewiß nicht, ich weiß, wie ich hab' zureden müssen.«

»Du willst fort?« fragt Hell Anna, »weißt du auch, daß ich das Vertrauen meiner Pfarrkinder eingebüßt habe? Weißt du auch, daß sich alle von mir gewendet haben?« Anna nickt traurig.

HELL Und doch, wenn dieser Tag zu Ende geht, so habe ich keine einzige Seele, kein einziges Herz mehr zu verlieren. Lebt wohl (er verläßt rasch das Zimmer und ruft nach Brigitte). Schnell, meinen Rock, meinen Hut, dann kannst du das Tor schließen. Ich komme erst morgen wieder.

BRIGITTE (äußerst erschrocken) Aber hochwürdiger Herr, du wirst doch nicht in der Nacht spazieren gehen, denk' das Gered' im Dorf wird ja immer größer, wenn dich vielleicht einer sieht.

HELL (hat nun seine Ruhe wiedergewonnen) Nun Alte, dann hat er einen schwachen, aber ehrlichen Mann gesehen, der sich selbst aus dem Wege geht.

13.

Im Innersten durchwühlt schreitet der Pfarrer durch die Nacht. Er verläßt das Dorf und steigt in den Wald immer höher und höher empor – – vorbei an den Bergwiesen, wo er den Schulbuben Unterricht gab. Es ist eine stürmische Nacht und plötzlich sieht er sich dem Wurzelsepp gegenüber, der ihn gleich sehr gehässig anfährt, er könne doch die Gendarmen heraufschicken, denn das sei ja seine Pflicht als Diener der Liebe. »Zeige mich genau so an«, brüllt er, »wie mein Vater angezeigt wurde, der dann im Gefängnis gestorben ist.« Hell sieht ihn jedoch nur groß an, schüttelt verneinend den Kopf und fragt ihn dann leise: »Du hast mir halt zugerufen: zwei Wege ins Elend und keiner ins Freie – – und doch, sieh' ich gehe den dritten Pfad, den Weg des Leidens zur Pflicht und auf diesem begegne ich dir. Als ich dieses Kleid anzog, habe ich dem traurigen Anrecht des Hasses, wieder zu hassen, entsagt.« Nun erzählt er dem Sepp, daß seine Mutter Selbstmord begangen habe aus Gram über ihren Sohn. Sepp wankt, beherrscht sich jedoch sofort und ruft dem Pfarrer zu: »Alles Lüge!« Da donnert ihn Hell an: »Was willst du denn, daß du mir so sprichst, wo zur nämlichen Stunde da unten in deiner Hütte der Leib aufgebahrt wird, der dich getragen, da das Herz stille steht, unter dem du gelegen, da die Augen gebrochen sind, die manche kummervolle Nacht über dich gewacht haben und da die Lippen geschlossen sind, die oft für dich gebetet.«

So läßt er den Wurzelsepp im Äußersten getroffen stehen.

Sepp schleicht sich noch in derselben Nacht in das Dorf zurück, um von seiner toten Mutter Abschied zu nehmen. In der Hütte erblickt er sie durch die Fensterscheiben aufgebahrt liegen und, durch den großen Schmerz überwältigt, begibt er sich noch in derselben Nacht heimlich zum Pfarrhof und erfährt dort durch Brigitte, die ihn in der Finsternis nicht erkennt, daß der Pfarrer nicht zu Hause sei. So wartet nun der Wurzelsepp auf ihn vor dem Haustor und als endlich Hell erscheint, bittet er ihn stockend um ein ehrliches christliches Begräbnis für seine Mutter. Der große Schmerz bricht plötzlich aus ihm heraus; er sinkt vor dem Pfarrer in die Knie und fleht ihn an, seine Mutter nicht als Selbstmörderin außerhalb des Friedhofs verscharren zu lassen. »Sepp, was willst du denn aus mir machen«, fährt ihn der Pfarrer an und faßt ihn mit beiden Händen an den Schultern, »nicht dir noch irgend einem weigere ich die geweihte Erde für seinen Toten. Oh, Sepp, kennst du mich denn gar so wenig, daß du nicht wüßtest, bevor du deine Bitte vorgebracht, daß ich ihr nichts nehmen werde, nicht kann, ja, nicht darf! Deine Furcht war kindisch, deine Bitte ehrt dich, deine arme Mutter soll ehrlich begraben werden.« Sepp sieht ihn groß an: »Verzeih mir, Pfarrer, so hab' ich dich nicht geglaubt, aber du redest ganz anders als der frühere. Aber die Leut' im Ort denken vielleicht doch nicht so wie du.« »Ich werde die Leiche zu Grabe geleiten«, beruhigt ihn Hell. »Ich werde für die Tote sprechen. Ich werde die Gemeinde für sie beten lassen und alle werden sie ›Amen‹ sprechen und keiner wird ihr die geweihte Scholle neiden.« Sepp faßt Hells Hand zaudernd in seine beiden: »So tust du an mir? Das vergeß' ich dir all' mein Lebtag nicht.« Er wendet sich langsam eben und will gehen. Doch Hell ruft ihn noch einmal zurück: »Noch eins, Sepp, ich habe an dich eine Bitte«. Sepp hält überrascht: »Du an mich?« Hell: »Wenn man die Leiche deiner Mutter zur Kirche bringt, dann wirst du nicht außen bleiben können, du wirst sie nach langer Zeit wieder einmal betreten müssen. Solltest du etwa Stimmen um dich und Flüstern hören, so du nun doch einmal dort bist, so bitte ich dich, verzeihe das, laß dir deinen Schmerz nicht durch ein Gefühl der Demütigung verbittern, denn du kommst ja nicht zu mir.« – – »Du redest einem in die Seele hinein«, murmelt der Sepp ergriffen, »als ob du wüßtest, was einer sich zu tiefst drinnen denkt. Oh, du mein Gott, wenn du früher gekommen wärest, ich wär' nicht so, wie ich jetzt bin.« Hell: »Und mußt du denn so bleiben, wie du bist, Sepp? Ich habe dich lange gesucht und du wolltest dich nicht finden lassen und heute suchtest du mich und ich glaube, du hast mich gefunden, wie du mich gesucht hast. Geh du nicht von mir, ohne mich gehört zu haben.« – – Und nun fordert ihn Hell auf, sich freiwillig der irdischen Gerechtigkeit zu stellen. Sepp sagt nicht »nein«, nicht »ja« und verläßt tief in Gedanken versunken den Pfarrer.

Auf dem Friedhof zu Kirchfeld ist ein frisches Grab mit einem armseligen Holzkreuz und nur wenigen Blumen. In der Kirche liest Hell die erste Seelenmesse für die Verstorbene, und die Orgelklänge und Chorgesang schallen weit über das kleine Dorf hinaus. Der Wurzelsepp erscheint nun auf dem Friedhof mit einem kleinen Strauß Alpenblumen und legt ihn auf das Grab seiner Mutter. Kurze Zeit verweilt er dort im Gebet, dann lauscht er den Orgelklängen und wendet sich langsam dem Kirchentor zu, betritt die Kirche, hält an, sieht sich um wie ein Kind, das wieder heimgefunden hat, erblickt plötzlich in der vollen Kirche (das Mitleid des ganzen Dorfes hat sich nämlich plötzlich seiner armen toten Mutter zugewendet und es wurde beschlossen, daß sich jeder an dem Begräbnis zu beteiligen hat) den Förster Michel und zwei Gendarmen. Er stockt und zögert einen Augenblick. Dann fliegt aber ein Lächeln über sein Gesicht und er schreitet festen Schrittes durch die ganze Kirche bis zum Altar. Alle Blicke wenden sich ihm zu. Es entsteht ein Raunen in der Kirche. Der eine Gendarm macht Miene, ihn gleich zu verhaften, der Michel flüstert ihm zu: »Später! Hernach!« Der Sepp kniet vor dem Altar nieder und nun wird er auch von Hell entdeckt, der ihn anschaut, als wolle er sagen »Bist also doch wiedergekommen.«

Nach dem Seelenamt nähert sich der Sepp vor der Kirche den Gendarmen und bittet sie, ihn zu verhaften. Er zieht nun auch öffentlich alle seine Beschuldigungen gegen den Pfarrer zurück und erklärt, Hell hätte ihm den Weg zum Guten gewiesen. Die Gemeinde ist von diesem Geständnis stark beeindruckt.

Als Hell nach Hause kommt, sieht er Michel und Anna im Garten sitzen. Als Anna ihn erblickt, läßt sie Michel allein und tritt auf Hell zu und erklärt ihm, sie müsse ihm etwas Wichtiges mitteilen. Er führt sie in das Pfarrzimmer. »Ich habe dir zugelobt«, sagt sie, »daß ich dir treu diene und ich meine zu Gott, ich kann dir nicht treuer dienen, als wenn ich jetzt gehe, und so geh ich, wie du mich da siehst, für immer aus dem Pfarrhof, hinaus auf den Lebensweg« – – »Suchst auch du deine Stärke in der Pflicht und mahnst mich an die meine«, nickt ihr Hell zu, »du bist mir wenigstens echt geblieben. Geh denn mit Gott!«

Nun bittet Anna ihn, daß er selbst sie vorm Altar traue, er solle ihnen keinen andern schicken. »Und zeige mir, daß du zufrieden mit mir bist«, bittet sie ihn noch, »und sage mir auch jetzt zum letzten die lieben Worte, die du mir zum ersten gesagt hast, wie du mich aufgenommen hast bei dir, sage mir, daß ich auch da recht gedacht habe und brav.« »Recht und brav«, lächelt Hell erschüttert.

Durch dieses Opfer, das Anna dem Hell gebracht hat, hat sie ihn vor seiner Gemeinde gerettet. Die Kirchfelder hängen nun wieder mit einer schwärmerischen Liebe an ihrem Pfarrer.

Die Hochzeit Michels und Annas wird sozusagen zu einem Volksfest. Das ganze Dorf beteiligt sich an ihr, ja, sogar von benachbarten Dörfern kommen Besuche und auch die Kollegen Michels sind zahlreich vertreten. Hell und Anna leiden unter der lärmenden Freude. Anna, da sie Hell noch immer liebt, und Hell, der es weiß, daß Anna für ihn ein Opfer gebracht hat. Nun knien Michel und Anna vor dem

Altar und über ihnen steht der Pfarrer, der sie zusammengibt. Einmal noch treffen sich Hells und Annas Augen und aus seinem gütig-lächelnden Blick schöpft sie neue Kraft und es wird ihr bewußt, daß sie beide den »dritten« Weg gehen, den Weg des Leidens zur Pflicht.

Anhang

Nachwort

Der vorliegende Band versammelt Prosatexte Ödön von Horváths, die im Buchhandel jahrzehntelang nicht greifbar waren und die hier auf der Grundlage der originalen Manuskripte und Typoskripte des Nachlaßbestandes in überprüfter Form neu ediert werden; bei manchen Texten handelt es sich um Erstveröffentlichungen. Neben einer Gruppe mit Prosaskizzen finden sich in dem Band sämtliche heute bekannten Arbeiten Horváths für Radio und Film. Den umfangreichsten und gewichtigsten Teil bilden Romanfragmente, die sich entstehungsgeschichtlich um die Jahre 1926-28 und 1935/36 gruppieren.

Innerhalb der versammelten Prosaskizzen ist das Fragment »Marianne oder: Das Verwesen« besonders bemerkenswert. Der im Frühjahr 1930 entstandene Text bildet eine wichtige Station in der Genealogie des Horváthschen Fräuleins. Er stellt ein Bindeglied zwischen den »Geschichten aus dem Wiener Wald« und jenen Texten dar, in denen der Figurentypus erstmalig vorkommt, wie dem Stück »Rund um den Kongreß« mitsamt der Textstufe »Ein Fräulein wird verkauft« sowie dem Prosakomplex zu »Der ewige Spießer« mitsamt der Vorstufe »Sechsunddreißig Stunden«. Einiges deutet in »Marianne oder: Das Verwesen« bereits auf das künftige Volksstück hin. Da ist der Name der weiblichen Hauptfigur, der an dieser Stelle erstmalig auftaucht, und da ist der in Horváths Werk früheste Hinweis auf jenen »Kampf der Triebe gegen die Kultur«, der später das »neue Volksstück« definieren wird. Mit dem Prozeß des Verwesens entwirft der Text zudem eine Metapher für das, was mit der weiblichen Hauptfigur nicht nur in den »Geschichten«, sondern auch in »Kasimir und Karoline« und »Glaube Liebe Hoffnung« in ihrem Inneren passiert, während sie auf der Bühne rein äußerlich von rigiden Normen und leeren Sprachhülsen traktiert wird. Den Blick in die Seele der Frau läßt Horváth in den Endfassungen seiner Volksstücke nicht mehr zu.[1] »Marianne oder: Das Verwesen« füllt etwas von dem auf, was später mit dramaturgischem Bedacht verborgen bleibt und gerade deshalb von besonderer interpretatorischer Relevanz ist.

Die beiden wahrscheinlich zwischen 1926 und 1928, bzw. nur wenig später entstandenen Romanfragmente »Charlotte« und »Himmelwärts« zeigen einen ungestüm-jugendlichen Autor, dessen Texte randvoll von bösem Humor und bitterer Ironie sind. In beiden Texten geht es um grotesk anmutende Reisen ins Glück. »Charlotte« ist als »Roman einer Kellnerin« konzipiert, deren Schicksal wie dasjenige aller gewöhnlichen Menschen von der Geschichte derer da oben (wie zum Beispiel jener des Prinzregenten Luitpold oder des großen Alpinisten Paul Preuss) getrennt verläuft. Das Münchener Oktoberfest bietet der Kellnerin Anstellung und nimmt in dem Text anarchistische Züge an: »Das Blut rann mit dem Bier zusammen, und die Ordner schafften die Leiche aus dem Saal. Es war sehr gemütlich.«

In »Himmelwärts« trifft die Hauptfigur, ein gewisser Herr Schlamperl, auf seiner Weltreise auf seltsame Gestalten. Da ist ein alkoholsüchtiger Kavalier in der Badewanne, eine Insel voller Möpse und ein Narrenkönig, der sein Volk für blöd verkauft. Die romantischen Motive des Romanfragments zerschellen an der gesellschaftlichen Wirklichkeit, das Scheitern wird zur Farce. Auf die besondere Qualität des sogenannten »Schlamperl«-Fragments, das im

1 Einen Einblick in Horváths Arbeitsweise vermittelt: Klaus Kastberger: Revisionen im Wiener Wald. Horváths Stück aus werkgenetischer Sicht. In: Ders. (Hg.): Ödön von Horváth. Unendliche Dummheit – dumme Unendlichkeit (= Profile. Magazin des Österreichischen Literaturarchivs, Band 8), Wien: Zsolnay 2001, S. 108-130.

vorliegenden Band erstmals unter seinem authentischen Titel veröffentlicht wird, wurde des öfteren hingewiesen. Zu korrigieren ist dessen mutmaßliche Entstehungszeit. Dieter Hildebrandt hat das Fragment aufgrund einer Zeitzeugenaussage von Lydia Busch auf 1938 datiert.[2] Hierbei dürfte es sich um ein Mißverständnis handeln. Busch sprach von einem letzten Romanprojekt Horváths, in dem es um ein »trauriges« und »seltsames« Schiff zu tun sei. Damit war aber nicht »Himmelwärts«, in dem es auch gar nicht um ein »trauriges« Schiff geht, sondern das Romanprojekt »Adieu Europa« gemeint, dessen einzig ausgereiftes Textblatt unter dem Titel »Neue Wellen« veröffentlicht wurde.[3] Inhalt, Stil, Type und Papier von »Himmelwärts« belegen eine wesentlich frühere Entstehungszeit und lassen damit die Werkgeschichte Horváths in einem neuen Licht erscheinen.

Das Romanfragment »Der Mittelstand«, in dem die soziologische Dimension von Horváths Arbeit deutlich wird, entstammt dem Umfeld der »Spießer«-Prosa und läßt sich auf die zweite Hälfte der 20er Jahre datieren. Von explizit politischem Inhalt ist das Romanexposé »Verrat am Vaterland oder Haß«. Dieses Textstück ist schwer zu datieren, es könnte gegen Ende der 20er Jahre, möglicherweise aber auch später entstanden sein. Bei dem um 1935 geschriebenen Text »Die Reise ins Paradies« handelt es sich um das Projekt zu einem illustrierten Roman, der einen fingierten Briefwechsel mit dem als Maler und Buchillustrator tätigen Bruder des Autors, Lajos, enthalten sollte. Am Ende des Fragments entschwindet der Onkel der beiden Brüder in

2 Dieter Hildebrandt: Ödön von Horváth. rororo-Bildmonographie Nr. 231, Reinbek 1975, S. 111 f.
3 In: Ödön von Horváth: Gesammelte Werke (in 14 Bänden). Kommentierte Werkausgabe in Einzelbänden. Herausgegeben von Traugott Krischke unter Mitarbeit von Susanna Foral-Krischke. Band 11: Sportmärchen, Frankfurt am Main: Suhrkamp 1988, S. 177 f.

einem zeitreisetauglichen Automobil zu einer »Probefahrt in die Kinderzeit«.

Ein besonderes Fundstück stellt das Romanprojekt »Die stille Revolution« dar, von dem im vorliegenden Band erstmals alle im Nachlaß verfügbaren Textstufen veröffentlicht werden, so daß sich auch hier ein neues Bild ergibt. Das Projekt kann auf die Zeit nach 1935 datiert werden und bildet solcherart einen wichtigen Ankerpunkt innerhalb der vielen Schreibvorhaben des Horváthschen Spätwerkes, von denen sich neben den tatsächlich realisierten in den meisten Fällen nur lose Skizzenblätter erhalten haben. Der Ausreifungsgrad der einzelnen Textstufen zu »Die stille Revolution« läßt die projektierten Charaktere des Romans lebendig werden und vermittelt eine gute Vorstellung von dessen Inhalt – von einer Revolution, die mit der Detonation einer Bombe in dem burgenländischen Städtchen St. Martin beginnt.

Die beiden 1930 entstandenen Hörspiele »Eines jungen Mannes Tag im Jahre 1930« und »Stunde der Liebe« belegen, wie sehr sich Horváth mit den Möglichkeiten des Radios beschäftigt hat. Der erste Text ist Fragment geblieben und stellt eine Parodie auf selbsternannte Jugendschützer dar. Im Mittelpunkt steht die Liveübertragung einer einschlägigen Vereinsversammlung aus dem Münchener Löwenbräukeller, die immer wieder von fremden Stimmen, darunter auch empörten Hörern der Radiosendung, unterbrochen wird. Als ein wahrer »Big Brother« prophetischer Voraussicht erweist sich Horváth in »Stunde der Liebe«. Im Zentrum dieses Textes steht eine »sensationelle radiotechnische Erfindung«, die es erlaubt, die Gespräche von Menschen zu belauschen, wo auch immer sie stattfinden; von dieser Möglichkeit macht der Text dann auch ausgiebig Gebrauch.

Horváths Filmexposés, die letzte Werkgruppe des Bandes, stellen ein Zeugnis jenes Versuches dar, den der Autor zwischen 1933 und 1936 unternommen hatte, nämlich in der nationalsozialistischen Filmindustrie Fuß zu fassen. Neueste Quellenstudien zeigen, daß der Autor dabei nicht in dem Grad in den Arbeitsprozeß involviert war, wie bisher angenommen. Arbeiten, die bislang dem Pseudonym H. W. Becker zugeschrieben wurden, hat in vielen Fällen nicht Horváth, sondern die tatsächlich existente Person dieses Namens verfaßt.[4] Horváths Filmarbeiten verblieben im Stadium des Konzepts, Drehbücher im eigentlichen Sinn sind nicht nachgewiesen. Der im vorliegenden Band (neben den Exposés zu »Die Geschichte eines Mannes«, »Brüderlein fein!« und »Ein Don Juan unserer Zeit«) erstmals veröffentlichte Text zur Verfilmung des Anzengruber-Stoffes »Der Pfarrer von Kirchfeld« bildet hier keine Ausnahme. Die Realisation des Filmes (1937 unter der Regie von Jakob und Luise Fleck mit Hans Jaray in der Hauptrolle) zeigt mit Horváths Exposé nur mehr eine partielle Übereinstimmung.

4 Vgl. Evelyne Polt-Heinzl/Christine Schmidjell: Geborgte Leben. Horváth und der Film. In: Klaus Kastberger (Hg.): Ödön von Horváth. Unendliche Dummheit – dumme Unendlichkeit (= Profile. Magazin des Österreichischen Literaturarchivs, Band 8), Wien: Zsolnay 2001, S. 193-261.

Editorische Nachbemerkung

Die Editionen des vorliegenden Bandes ersetzen keine historisch-kritische Ausgabe. Dazu müßten die teilweise sehr komplizierten werkgenetischen Zusammenhänge insbesondere des Horváthschen Spätwerkes eingehender untersucht werden, als es in diesem Rahmen möglich war. Sämtliche Texte wurden auf der Grundlage des jeweils letzten Ausreifungsgrades der Originalmanuskripte ediert; spätere (meist handschriftliche) Korrekturen des Autors fanden immer Berücksichtigung. In einigen Fällen wurden mehrere Textstufen ediert; auch hier gibt die Edition innerhalb der einzelnen Stufe das jeweils letzte Textstadium wieder. Eintragungen und Streichungen, die sich der Übernahme von Passagen in spätere Fassungen verdanken, blieben unberücksichtigt.

Die Titel der Texte sind mit Ausnahme von »Also gut, ich will dir das alles erzählen« und »Ein junger Mann« von Horváth selbst gesetzt. Unregelmäßigkeiten in der Zeichensetzung und Rechtschreibung, die keine durchgängige Intention des Autors erkennen lassen, sowie offenkundige Tipp- und Schreibfehler wurden korrigiert; die wenigen zum Verständnis nötigen Wortergänzungen des Herausgebers im Text sind durch [ ] gekennzeichnet, ansonsten erscheint Herausgebertext stets kursiv.

Die Originalvorlagen befinden sich im Nachlaßbestand Ödön von Horváths am Österreichischen Literaturarchiv der Österreichischen Nationalbibliothek in Wien (ÖLA) und werden nach der Berliner Signatur (BS) zitiert.

Prosaskizzen:

[Also gut, ich will Dir alles erzählen …], S. 9
Entstanden wahrscheinlich zwischen 1926 und 1928, Papier und
Type entsprechen dem Text »Charlotte. Roman einer Kellnerin«.
Erstveröffentlichung nach dem Typoskript ÖLA – NL Horváth,
BS 60b, Bl. 1-2.

Zwei Liebeserklärungen, S. 11
Entstanden Anfang 1927. Erstveröffentlichung nach dem Manuskript ÖLA – NL Horváth, BS 47ai [1], Bl. 1-3. Auf einer späteren,
aber nur fragmentarisch erhaltenen Textstufe (ÖLA – NL Horváth, BS 47 aj, Bl. 1-2) findet sich auf der Rückseite von Blatt 2 der
handschriftliche Briefentwurf: »Berlin W 30 / am 10. 2. 27 /
Meine liebe Karen, liebe Doria, / vor allem: ich danke Euch herz-
lichst für Euere lieben Zeilen. Ich denke viel an Murnau – an Euch,
an den Schnee, an das Land. Hier ists grau, wie es mir in allen
Städten erscheint«.

Tanzstunde, S. 13
Entstanden wahrscheinlich 1928/29 im Umfeld der Arbeit zu
»Der ewige Spießer«. Erstveröffentlichung nach dem Manuskript
ÖLA – NL Horváth, BS 65 b. Mit Bleistift eingetragene Titelvari-
ante: »Aus den Erinnerungen des Fräulein Pollinger aus München.
(in dritter Person erzählt).«

[Der junge Mann], S. 14
Entstanden wahrscheinlich um 1930 im Umfeld der Arbeit zu »Eines jungen Mannes Tag im Jahre 1930.« Erstveröffentlichung
nach dem Manuskript ÖLA – NL Horváth, BS 60c [2], Bl. 1-4.
Unter dem gestrichenen Gesamttitel »Der Liliputaner« finden sich
die wahrscheinlich als Kapitelüberschriften gedachten Zeilen:
»Der junge Mann«, »Die Bardame im Zoo«, »Das Dienstmädchen«, »Das verbitterte Mädchen«. Ganz oben auf Blatt 1 ist,
später gestrichen, zu lesen: »Das Löwenmädchen verliebt« – ein
Motiv, das sich in der »Spießer«-Prosa wiederfindet. Das verwen-
dete Papier (Ausriß aus einem Notizbuch) entspricht dem eines

Fragmentes zu »Charlotte, Roman einer Kellnerin« (ÖLA–NL Horváth, BS 60c [3]).

Marianne oder: Das Verwesen. Eine Novelle, S. 16
Entstanden März/April 1930. Edition nach dem Manuskript in ÖLA–NL Horváth, Notizbuch Nr. 3, ohne BS, S. 16f. Erstveröffentlichung in: Klaus Kastberger: Der Nachlaß Ödön von Horváths am Österreichischen Literaturarchiv. Perspektiven für die Forschung. In: Ute Karlavaris-Bremer, Karl Müller (Hg.): Ödön von Horváth. Geboren in Fiume. Wien (Löcker) 2001. Neben Szenenaufstellungen und Werkübersichten zu »Der ewige Spießer«, »Ein Wochenendspiel« und zu dem Hörspiel »Stunde der Liebe« enthält das Notizbuch den Entwurf zu einem Leserbrief Horváths bezüglich eines Artikels, der am 13. März 1930 im »Murnauer Tagblatt« erschienen war. Außerdem findet sich in dem Notizbuch auf S. 21f. ein handschriftlicher Briefentwurf an Heinrich Mann, mit dem Horváth auf dessen am 4. April 1930 in der »Literarischen Welt« erschienene Rezension der von Hermann Kesten im Berliner Kiepenheuer-Verlag herausgegebenen Anthologie »24 neue deutsche Erzähler« reagierte. Mann hatte den jungen Autoren die Hoffnungslosigkeit der von ihnen dargestellten Welt und einem der Texte vorgeworfen, es falle darin »kein Wort von Seele«. Horváth, dessen Erzählung »Das Fräulein wird bekehrt« sich in der Anthologie fand, sah sich daraufhin zur gegenständlichen Reaktion veranlaßt, die gemeinsam mit den anderen Hinweisen eine genaue Datierung des Textes erlaubt.

Der römische Hauptmann, S. 17
Aufgrund des Fehlens eines Originals ist die Datierung äußerst schwierig. Von seinem Inhalt her könnte der Text im Umfeld von »Ein Kind unserer Zeit«, also 1937/38 entstanden sein, obwohl es sich nicht um eine direkte Vorstufe zu einem der dortigen Textabschnitte handelt. Die Edition folgt einer Transkription Traugott Krischkes in ÖLA–NL Horváth, BS 73. Bei den Wörtern »Brantl« und »Verzichten« handelt es sich offenkundig um unsichere Entzifferungen. Hier wurde von Krischke in seiner Transkription jeweils ein »(?)« nachgestellt. Erstveröffentlichung in: Dieter Hil-

debrandt/Traugott Krischke (Hg.): Ödön von Horváth. Gesammelte Werke in vier Bänden (im folgenden unter der Sigle GW IV), Band III, Frankfurt am Main: Suhrkamp 1971, S. 131-132; dort unter dem Obertitel »Die stille Revolution« gemeinsam mit den Texten »Neue Wellen« und »Die stille Revolution (1)« und »Die stille Revolution (2)«.

Ohne Geld, S. 19
Entstanden wahrscheinlich nach 1935 im Umfeld der Arbeit an dem Romanprojekt »Die stille Revolution« (auffällig sind die Parallelen zur dortigen »Textstufe 6«) und »Ein Kind unserer Zeit«. Neuedition nach dem Typoskript ÖLA–NL Horváth, BS 16 d, Bl. 1-2. Erstveröffentlichung in: Jean Claude François: Ödön von Horváth. Vier Prosatexte. Erstausgabe und Kommentar. In: Recherches Germaniques 5 (1975), S. 317-328, S. 326 f.

Romanfragmente:

Charlotte. Roman einer Kellnerin, S. 23
Entstanden wahrscheinlich zwischen 1926 und 1928. Von dem projektierten Roman, für dessen Strukturierung die fünf Tage von Gründonnerstag bis Ostermontag eine wichtige Rolle spielen, haben sich mehrere Konzeptblätter (ÖLA–NL Horváth, BS 60c [1], Bl. 1-14; BS 60c [3], Bl. 1-4, 6) sowie zwei Textstufen erhalten, von denen hier die umfangreichere und gegenüber der Stufe »Die Erlebnisse der Kellnerin Ursula Haringer, Ostern 1926« (ÖLA–NL Horváth, BS 60a [1], Bl. 1-3, BS 60a [3], Bl. 1, BS 60a [4], Bl. 3-4) genetisch frühere ediert wird nach dem Typoskript ÖLA–NL Horváth, BS 60a [2], Bl. 5-13. Erstveröffentlichung in: GW IV, Band IV, S. 409-417.

Himmelwärts. Romantischer Roman
Mit großer Wahrscheinlichkeit in der zweiten Hälfte der 20er Jahre im Umfeld der Arbeit an »Charlotte. Roman einer Kellnerin« entstanden. Von dem projektierten Roman, den Traugott Krischke, um Verwechslungen mit dem Dramenfragment gleichen

Titels zu vermeiden, unter Verwendung des Namens der Hauptfigur als »Schlamperl«. Romantischer Roman« ediert hat, haben sich mehrere Konzeptblätter (ÖLA–NL Horváth, BS 61 [1], 1-3, BS 61 b [3], Bl. 1) sowie mutmaßlich drei Textstufen erhalten, von denen hier die beiden ersten in ihrer genetischen Abfolge ediert werden.

[Textstufe 1], S. 34
Neuedition nach dem Typoskript ÖLA–NL Horváth, BS 61 [4], Bl. 1-13; die einleitende Textpassage, die offenkundig als eine Art Vorwort konzipiert wurde, findet sich ursprünglich auf Bl. 13 eingetragen. Erstveröffentlichung unter dem Titel »Schlamperl. Romantischer Roman« in: GW IV, Band IV, S. 418-428.

[Textstufe 2], S. 47
Neuedition nach dem Typoskript ÖLA–NL Horváth, BS 61 b [1], Bl. 1-32. Erstveröffentlichung als »Variante« von »Schlamperl. Romantischer Roman« in: GW IV, Band IV, S. 428-455.

Der Mittelstand. Roman
Entstanden in der zweiten Hälfte der 20er Jahre. Von dem projektierten Roman haben sich mehrere Manuskriptblätter, darunter zwei großformatige Konzepte (ÖLA–NL Horváth, BS 12 a, Bl. 4 f.) erhalten, von denen hier Notizen und eine Textstufe des Romanbeginns ediert werden.

[Notizen], S. 79
[1] Erstveröffentlichung nach dem Manuskript ÖLA–NL Horváth, BS 12 a, Bl. 1.
[2] Neuedition nach dem Manuskript ÖLA–NL Horváth, BS 12 a, Bl. 2. Erstveröffentlichung in: GW IV, Band IV, S. 43*.
[3] Neuedition zweier Textpassagen auf dem großformatigen Konzeptblatt ÖLA–NL Horváth, BS 12 a, Bl. 4. Erstveröffentlichung in: GW IV, Band IV, S. 647.

[Textfragment 1], S. 81
Neuedition nach dem Manuskriptblatt ÖLA–NL Horváth,

BS 12a, Bl. III. Erstveröffentlichung in: GW IV, S. 646-647 (Mitte).

Verrat am Vaterland oder: Haß. Romanexposé, S. 83
Das Exposé, von dem sich nur die hier edierte Reinschrift erhalten hat, ist schwer zu datieren; inhaltlich würde es aufgrund von Parallelen zu »Figaro läßt sich scheiden« und »Die stille Revolution« in die Zeit um 1935 passen, die Beschaffenheit und der Vergilbungsgrad des Papiers rücken es in die Nähe von »Charlotte. Roman einer Kellnerin«. Edition nach dem Typoskript-Durchschlag ÖLA–NL Horváth, BS 47 ab, Bl. 1-4. Erstveröffentlichung in: GW IV, Band IV, S. 651-654.

Die Reise ins Paradies
Entstanden um 1935. Von dem Romanprojekt haben sich mehrere Konzept- und Fragmentblätter (ÖLA–NL Horváth, BS 15 [1], Bl. 1-6) sowie mutmaßlich drei Textstufen erhalten, von denen nachfolgend zwei ediert werden.

[Textstufe 1], S. 87
Neuedition nach dem Manuskript ÖLA–NL Horváth, BS 15 [1], Bl. 7-9. Erstveröffentlichung in: GW IV, Band IV, S. 458-461.

[Textstufe 2], S. 91
Neuedition nach dem Typoskript ÖLA–NL Horváth, BS 15 [1], Bl. 11-18. Erstveröffentlichung in: GW IV, Band IV, S. 461-464.

Die stille Revolution
Entstanden nach 1935 wahrscheinlich im Umfeld der Arbeit an »Ein Kind unserer Zeit«. Von dem projektierten Roman haben sich mehrere Konzeptblätter (ÖLA–NL Horváth, BS 16 b [1], Bl. 5-7, 10, 13-14, 18-19) sowie mehrere Schreibansätze des Romanbeginns (jeweils betitelt als »Die stille Revolution. Roman«) erhalten. Diese werden in ihrer Gesamtheit ediert, wobei die genetische Abfolge unsicher ist.

[Textstufe 1], S. 95
Neuedition nach dem Manuskript ÖLA–NL Horváth, BS 16 b
[1], Bl. 1-4. Erstveröffentlichung in: Jean Claude François:
Ödön von Horváth. Vier Prosatexte. Erstausgabe und Kommentar. In: Recherches Germaniques 5 (1975), S. 317-328,
S. 325 f. Später auch in Traugott Krischke (Hg.): Ödön von
Horváth. Die stille Revolution. Kleine Prosa. Frankfurt am
Main: Suhrkamp (st 254) 1975, S. 27 f.

[Textstufe 2], S. 97
Neuedition nach dem Typoskript ÖLA–NL Horváth, BS 16 b
[2], Bl. 1-5. Erstveröffentlichung unter dem Titel »Die stille Revolution (1)« in: GW IV, Band III, S. 133-137.

[Textstufe 3], S. 102
Neuedition nach dem Manuskript ÖLA–NL Horváth, BS 16 b
[1], Bl. 8 f. Erstveröffentlichung in: Traugott Krischke (Hg.):
Die stille Revolution, a. a. O., S. 35 f.

[Textstufe 4: Die zweite Revolution], S. 104
Neuedition nach dem Manuskript ÖLA–NL Horváth, BS 16 b
[1], Bl. 11. Erstveröffentlichung in: Jean Claude François,
a. a. O., S. 326. Später auch in Traugott Krischke (Hg.): Die
stille Revolution, a. a. O., S. 40.

[Textstufe 5: Die Personalien], S. 105
Erstveröffentlichung nach dem Manuskript ÖLA–NL Horváth, BS 16 b [1], Bl. 12.

[Textstufe 6], S. 107
Neuedition nach dem Manuskript ÖLA–NL Horváth, BS 16 b
[1], Bl. 16 f. Erstveröffentlichung in: Traugott Krischke (Hg.):
Die stille Revolution, a. a. O., S. 33 f.

[Textstufe 7], S. 109
Neuedition nach dem Typoskript ÖLA–NL Horváth, BS 16 b
[3], Bl. 1-3. Erstveröffentlichung unter dem Titel »Die stille Revolution (2)« in: GW IV, Band III, S. 138-140.

Szenen für den Rundfunk:

Eines jungen Mannes Tag im Jahre 1930
Entstanden 1930 im Zusammenhang mit der Arbeit an »Stunde
der Liebe«. Von dem Hörspiel haben sich neben einigen Konzept-
blättern und Fragmenten (ÖLA–NL Horváth, BS 63 b, Bl. 1-3; BS
63 c, Bl. 1; BS 63 d, Bl. 1-8; BS 63 e, Bl. 1; BS 63 g, Bl. 1 f.; BS 63 h,
Bl. 1; BS 63 i, Bl. 1 f.) eine Vorstufe und die Reinschrift erhalten.

[Vorstufe: Ein neuer Casanova], S. 115
Erstveröffentlichung nach dem Manuskript ÖLA–NL Horváth, BS 63 f. Weitere gestrichene Titelvarianten am Kopf des
Blattes: »Der neue Casanova«, »Herr Reithofer wird zum
neuen Casanova«.

[Reinschrift], S. 116
Neuedition unter Berücksichtigung der handschriftlichen Korrekturen nach dem Typoskript ÖLA–NL Horváth, BS 63 k,
Bl. 1-9; der handschriftliche Titeleintrag »Eine Liebe zweier
junger Leut im Jahre 1930« entstammt der späteren Überarbei-
tung der Textstufe, die textgenetisch zu »Stunde der Liebe«
führt. Erstveröffentlichung unter dem Gesamttitel »Stunde der
Liebe« in: GW IV, Band IV, S. 78-85.

Stunde der Liebe. Sieben Szenen für Rundfunk
Entstanden um 1930. Von dem Hörspiel haben sich neben einem
Konzeptblatt (ÖLA–NL Horváth, BS 63 j, Bl. 1) und Textfragmenten (ÖLA–NL Horváth, BS 63 m, Bl. 1-19) eine Vorstufe und
die Reinschrift erhalten.

[Vorstufe], S. 125
Erstveröffentlichung nach dem Typoskript ÖLA–NL Horváth,
BS 63 l, Bl. 1-3.

[Reinschrift], S. 128
Neuedition nach dem Typoskript ÖLA–NL Horváth, BS 63 a,
Bl. 1-21. Erstveröffentlichung in: GW IV, S. 85-99.

Filmexposés:

Die Geschichte eines Mannes (N), der mit seinem Geld um ein Haar alles kann, S. 147
Entstanden zwischen 1933 und 1936. Edition nach dem Typoskript ÖLA–NL Horváth, BS 69 a, Bl. 1-4. Erstveröffentlichung in: GW IV, S. 643-645.

Brüderlein fein! Ein Film aus der Biedermeierzeit, S. 151
Entstanden zwischen 1933 und 1936. Edition nach dem Typoskript ÖLA–NL Horváth, BS 2, Bl. 1-7. Unter der Titelzeile der Eintrag: »Ein Film aus der Biedermeierzeit nach Motiven aus den Stücken Ferdinand Raimunds, ›Bauer als Millionär‹, ›Der Alpenkönig und der Menschenfeind‹ und ›Der Verschwender‹ frei bearbeitet von Ödön von Horváth« [Name später gestrichen und ersetzt durch: »H. W. Becker«]. Erstveröffentlichung in: GW IV, Band IV, S. 629-635.

Ein Don Juan unserer Zeit, S. 159
Entstanden zwischen 1934 und 1936. Edition nach dem Typoskript ÖLA–NL Horváth, BS 17 a, Bl. 1-7 (im Besitz der Wiener Stadt- und Landesbibliothek, Handschriftensammlung). Unter der Titelzeile der Eintrag: »oder: Die Sage vom Don Juan in unserer Zeit. Filmexposé nach einer Komödie von Ödön von Horváth«. Erstveröffentlichung in: GW IV, S. 636-642.

Der Pfarrer von Kirchfeld, S. 166
Entstanden zwischen 1933 und 1936. Erstveröffentlichung nach dem Typoskript ÖLA–NL Krischke, Bl. 1-32. Von dem Filmexposé haben sich neben einem handschriftlichen Blatt mit einer ersten Notiz und einigen Textfragmenten eine Originalreinschrift mitsamt zwei Durchschlägen erhalten. Für die vorliegende Edition wurden die wenigen handschriftlichen Korrekturen sowohl der Originalreinschrift als auch jene des einen Durchschlagexemplares berücksichtigt.